Anne F. – Memoiren einer britischen Militärarztgattin

VOLKER HIMMELSEHER

Anne F. –
Memoiren einer britischen Militärarztgattin

Erlebnisse zwischen 1948 und 1971

Bibliografische Information der Deutschen Nationalbibliothek:
Die Deutsche Nationalbibliothek verzeichnet diese Publikation
in der Deutschen Nationalbibliografie; detaillierte bibliografische
Daten sind im Internet über http://dnb.dnb.de abrufbar.

© 2020 Volker Himmelseher
Satz, Umschlaggestaltung, Herstellung und Verlag:
BoD – Books on Demand, Norderstedt

ISBN: 978-3-7504-4975-6

Inhalt

Vorwort

Dieses Buch entstand auf der Grundlage handschriftlicher Aufzeichnungen von Anne F., einer britischen Militärarztgattin. Sie berichtet in vielen amüsanten und interessanten Episoden über ihr bewegtes Leben, besonders in den englischen Kolonien.

Die Aufzeichnungen dieser handfesten Frau machen deutlich, dass die Ehefrauen der Kolonialherren nicht nur schmückendes Beiwerk waren, sondern selbst Netzwerke für das gesellschaftliche Leben spannten und dessen Richtung beeinflussten. Tragisches und Lustiges im Alltagsleben ziehen uns in den Bann.

Wie sehr sich die weißen Bürger des British Empires als Herren fühlten, wird deutlich. Viele waren jedenfalls noch weit davon entfernt, die Gleichheit der Rassen anzuerkennen.

Die Fosters waren da weiter.

Der Verfasser hat die »Doktorsfrau« auf Teneriffa kennen und lieben gelernt. Anne lebte dort lange Jahre als Witwe, umgeben von einem großen internationalen Freundeskreis in der Urbanisation Lomo Roman in Santa Ursula.

2017 starb sie im Dezember mit 90 Jahren.

Lomo Roman ohne Anne war nun anders.

Auch an ihren Freunden ging das Altern nicht vorbei. Gemeinsame Golfrunden und Wanderungen wurden selten. Sie wurden durch gemeinsames Essengehen ersetzt. Aber zum Mittagsschläfchen mochte man wieder zu Hause sein.

Bei den Bewohnern der Urbanisation setzte langsam, aber sicher ein Generationenwechsel ein.

Beginnende Krankheiten riefen die Alten ängstlich in die ursprüngliche Heimat zurück. Trotzdem bin ich mir sicher, die neuen Bewohner werden diese Blicke, diese Blütenpracht, die Sonnenaufgänge und -untergänge genauso lieben wie die alten.

Der Verfasser hat Annes handschriftliche Aufzeichnungen um einige Informationen ergänzt und geglättet, ohne den Inhalt zu beeinträchtigen. Er verspricht dem Leser einen bunten, lesenswerten Handlungsrahmen.

Accra an der Goldküste 1948

Die Bezeichnung Goldküste sollte sich im Namen der britischen Kolonie Goldküste bis 1957 halten.

Dann erst wurde die Kolonie unter dem Namen Ghana unabhängig.

Der frühere Name wies darauf hin, dass die Europäer hier Gold eintauschen konnten, welches aus den Fundstätten des Landesinneren, dem Gebiet der Aschanti, an die Handelsorte der Küste gebracht wurde ...

Unser erstes eheliches Zuhause nannten wir *Unsere Hütte in Adabacra*. Wir mieteten sie von einem Syrer.

Adabacra war ein Vorort der Küstenstadt Accra.

Wir hatten nämlich keinen Anspruch auf ein Armeequartier.

Der Grund lag in meiner Person. Ich war illegal an die Goldküste gekommen. Mir fehlte als Doktorsfrau die Erlaubnis des War Office, einzureisen.

Es hatte erst kürzlich in Accra Tumulte gegeben, und die Stadt galt als zu unsicher. Deshalb durfte ich meinen Ehemann nicht dorthin begleiten.

Ich schrieb sofort an meinen Gatten »Geoff«, um ihm von dem Verbot zu berichten.

Seine Antwort in einem Blitztelegramm war wie ein Gestellungsbefehl: »Fliege auf eigene Faust!«

Es war mir unmöglich, die britische Airline B.O.A.C. zu buchen.

Sie verweigerten mir ein Ticket, weil ich unter dem Bann des War Office stand.

Bei Air France erhielt ich wenigstens einen Flugschein nach Lagos in

Nigeria. England hatte das Stadtgebiet 1861 annektiert und gründete dort eine dauernde Niederlassung. Anfang 1862 wurde die mit erweitertem Gebiet zum Protektorat, welches erst von Freetown, dann von Accra aus verwaltet wurde. 1886 entstand die eigenständige Kronkolonie Lagos.

Von dort aus musste ich nun mit einer lokalen Fluglinie nach Accra weiterfliegen ...

Zwei meiner Freundinnen brachten mich nach Heathrow. Mein erster Stopp war Paris. Dort nannte man mich *Madame la Colonel.* In Paris hatte ich eine beträchtliche Wartezeit.

Man stellte mir eine Begleitung, damit ich zur rechten Zeit sicher an Bord kam.

Über der Sahara bot man mir sogar einen Sitzplatz zwischen Pilot und Copilot an! So eine Behandlung kann man sich heutzutage gar nicht mehr vorstellen.

Wir flogen sehr niedrig und berührten fast die Baumspitzen, wenn wir über ihnen waren. Dann bemerkte ich, dass wir nur mit drei anstatt vier Propellern flogen! ...

Als wir endlich Lagos erreichten, war ich sehr glücklich, Ian Wallace, den Sohn unseres Arztes in Newport, zu entdecken. Er arbeitete als Pilot bei einer nigerianischen Fluggesellschaft. Da erst am nächsten Morgen ein Flug nach Accra ging, musste ich in Lagos übernachten.

Ich wurde im Gästehaus der B.O.A.C. untergebracht und musste das Zimmer mit zwei alten Damen teilen. Sie waren Missionarinnen. Als wir zu Abend gegessen hatten und gerade ins Bett gehen wollten, klopfte es an unsere Tür. Unser Besucher erwies sich als Japaner. Ich schätzte ihn auf um die 30 Jahre alt.

»Ich sah die Damen ankommen und dachte mir, sie würden gerne etwas von Lagos sehen, bevor sie wieder abreisen. Sie können so bleiben, wie sie sind«, meinte er mit geschmeidiger Stimme.

Wir lehnten sein Angebot, ohne zu zögern, ab.

Wo sollten wir um 2:00 Uhr nachts in Lagos auch in Hauskleidung hingehen?

Später sagte man mir, hätten wir seinen Vorschlag angenommen, wären wir mit Sicherheit auf dem Markt für weiße Sklaven gelandet ...

Wenn ich an unsere Bleibe in Adabacra zurückdenke, erinnere ich mich an die ansehnliche Zahl von Angestellten: Samuel war der erste Boy, James der zweite und Silas der Koch.

An seinen freien Tagen entpuppte er sich als der beste Ringer der Goldküste. Er war ein monströser Mann. Wenn er, mit Ornamenten und Straußenfedern geschmückt, kleine Glöckchen an Fingern und Zehen trug, wusste man, dass er zu einem Kampf ging.

Wir hatten auch noch einen Wachmann für die Nacht.

An seinen Namen erinnere ich mich nicht mehr. Er war nur kurz bei uns.

Eines Abends hatten wir Gordon MacFall und Rossor Manaell zum Abendessen eingeladen. Es wurde reichlich gegessen und getrunken. Nach guter Sitte gab es zum Abschluss Kaffee und Brandy. Wir haben diese Nacht geschlafen wie die Toten.

Als ich am nächsten Morgen aufstand, wollte ich mein Hauskleid anziehen. Es hing immer an der Schlafzimmertür, aber da war kein Hauskleid. Ich öffnete den Kleiderschrank und sah zu meinem Entsetzen, dass auch die anderen Kleider verschwunden waren.

Geoff hatte in Hongkong an einem Amateurpferderennen teilgenommen und gewonnen. Sein Pferd hieß Mainsail. Von der Siegprämie hatte er sich ein Zigarettenetui gekauft.

Als wir feststellten, dass auch dieses fehlte, waren wir uns sicher: Wir waren bestohlen worden!

Meine wunderschöne Brautausstattung mit Kleidungsstücken von Harrods stellte ich mir, völlig aufgelöst, auf dem Schwarzmarkt vor, den sie hier »mammy market« nannten.

Ich eilte sofort hin, in der Hoffnung, dort wenigstens einiges von den Erinnerungsstücken wiederzufinden. Doch ich hatte kein Glück.

Wir kamen zum Schluss, dass man uns etwas in den Kaffee getan hatte, damit wir fest schliefen und den Raub nicht bemerkten. Man sagte uns später, es sei besser gewesen, nicht aufzuwachen.

Bei einem ähnlichen Vorfall stand ein betrunkener Räuber vor dem Bett. Er hatte eine Waffe in der Hand und wartete schlagbereit, ob wir erwachten. Sein Kumpel plünderte derweilen in aller Seelenruhe das Haus leer. Unser kurz zuvor angestellter Wachmann war nicht von Nutzen. Wahrscheinlich hat er geschlafen. So viel über einen Wachmann für die Nacht!

Etwa eine Woche später passierte das Gleiche im Haus eines anderen Offiziers. Tony P.P. erwachte jedoch und schlug den Räuber mit einem Kricketstock nieder. Er dachte, er habe den Kerl erschlagen und rief die Polizei an. Als er zurückkam, war die vermeintliche Leiche verschwunden! …

Als wir die erste Dinnerparty gaben, wurmte mich besonders, dass wir weder ein anständiges Klo noch einen ordentlichen Waschraum hatten.

Im eingezäunten Gelände hatten wir eine »Donnerbox«, die jede Nacht von unserem »Goldgräber« geleert wurde.

Daneben stand in einem kleinen Raum eine Zinnbadewanne. In ihr kochten unsere Boys mit vier Gallonen-Kerosindosen das Wasser und gaben uns Bescheid, wenn das Bad fertig war.

Das war alles!

In der Küche stand ein besonderer Kühlschrank, eigentlich nur ein Eisschrank. Geschlagene Eisbrocken wurden täglich angeliefert, um in der Hitze alles Verderbliche zu kühlen.

Unser Herd war ebenfalls aus Zinndosen gemacht.

Eine wurde mit Brennholz gefüttert. Daneben stand eine zweite, deren Deckel zu drei viertel weggeschnitten war.

Das war der Zugang zum Ofen.

Den Namen *Unsere **Hütte** in Adabacra* trug unser neues Zuhause wirklich zu Recht.

In diesen Tagen kleideten wir uns zu Abendessen festlich an.

Die Damen trugen lange Kleider, die Herren dunkle Hosen, weißes Hemd, Kummerbund und Fliege.

Zu unseren Gästen gehörten die Hindlays, er war der Brigadier des Distrikts und Geoffreys Boss. Mir lag sehr daran, einen guten Eindruck zu hinterlassen.

Es war üblich, dass die Damen kurz nach dem letzten Gang ihre Männer am Tisch allein ließen. Sie gingen ihre »Nase pudern«. Ihre Göttergatten tagten weiter mit Brandy und Zigarren.

Ich hatte mit Geoffrey ausgemacht, dass nur die »Mädchen« die Donnerbox benutzen durften. Wenn die Männer mussten, sollten sie »sich Afrika ansehen«.

Deshalb war ich entsetzt, dass ein männliches Wesen in die Box ging, als wir uns ihr nach unseren Mädchengesprächen näherten.

Ich sagte zu den Frauen: »Entschuldigen Sie bitte, können Sie sich einen Moment gedulden?«

»Nein«, antwortete Ruth, die Frau des Brigadiers resolut und hob ihre Röcke. Sie sah Afrika, und alle anderen Frauen taten es ihr nach …

Die Hindlays wurden gute Freunde.

Als wir Accra später verließen und nach Lagos zogen, besuchten sie uns für 14 Tage und feierten mit uns 1948 Weihnachten.

Am zweiten Weihnachtstag gingen wir Barrakudas fischen. Die Saison dafür ging von November bis März.

Wir segelten auf einer »Lagos«, einem speziellen Boot der Gegend, hinaus und zogen ein Schleppnetz mit drei Sorten Haken hinter uns her.

Wir fingen zwei Fische, beide über 30 Pfund schwer.

Damit war es uns möglich, allen Familien, die im Camp lebten, eine reichliche Mahlzeit zu schenken.

Die Freude war groß, denn der Barrakuda ist ein köstlicher Fisch …

Wenn ich ans Fischen denke, kommt mir in den Sinn, dass Geoff einmal Trockenblut besorgte und es in einer Lagune ausstreute. Wir hatten damit beste Fangergebnisse.

Eines unserer Hobbys in Accra war das Fangen von Schmetterlingen. Dort gab es einige seltene wunderschöne Arten. Mein Liebling war der Schwalbenschwanz, lateinisch Salamis. Der große Schmetterling sah aus, als wäre er aus Perlmutt.

Wir kannten zwei Offiziere, die, wie wir, emsige Schmetterlingssammler waren.

Wir gingen oft zusammen mit unseren Netzen und den anderen benötigten Utensilien in den Dschungel bei Aburi.

Aburi hieß nicht nur die kleine Stadt, sondern auch der Stamm, der die Gegend besiedelte.

Aburi-Häuptlinge waren auch dabei, als man 1731 mit dem Bund von Aboutakyi das Königreich Akwapim gründete.

Dort im Dschungel fand man nicht nur interessante Schmetterlingsarten, sondern war auch so mancher Gefahr ausgesetzt.

Bei einer Jagd auf Schmetterlinge waren Geoff und die anderen beiden auf dem Dschungelpfad schon vorausgeeilt, während ich noch hinterhertrödelte.

Da traf ich auf einen riesigen Skorpion, der unbemerkt auf mich zukroch.

Sein Schwanz stand kriegerisch über dem Hinterteil hoch.

Er hatte die Größe eines Babylobsters.

Ein Stich von ihm wäre tödlich gewesen.

In der Nähe lag ein großer Stein.

Ich hob ihn auf und warf ihn auf den Skorpion. Glücklicherweise traf ich und tötete ihn.

Ich war so stolz auf diese Trophäe, dass ich sie zu Hause, für alle sichtbar, in Alkohol konservierte.

Es war wirklich ein ungewöhnlich großes Exemplar.

Wir fingen mit der Zeit eine Unzahl Schmetterlinge und präsentierten sie, vorsichtig aufgespießt, in Boxen.

Erst Jahre später verschenkten wir sie an eine Schule …

Geoff wurde zum Senior Army Medical Officer (A.D.M.S.) der Goldküste befördert. Er musste nun die medizinischen Zentren der Armee in den verschiedenen Distrikten inspizieren. Nun waren wir viel unterwegs.

Für diese Fahrten hatten wir uns einen alten Kombiwagen angeschafft.

Einmal befanden wir uns mitten in der Wildnis, Meilen von einer Stadt oder einem Dorf entfernt, als ein Reifen platt wurde.

Zu unserem Entsetzen hatten wir keinen Wagenheber dabei. Wir setzten uns an den Straßenrand und warteten, dass ein anderer Wagen vorbeikam.

Es vergingen Stunden, ohne dass dies geschah.

Damals gab es nur wenige Wagen, und die auch noch selten dicht beisammen. Keiner fuhr also vorbei.

Endlich kamen wenigstens drei farbige junge Männer die Straße entlanggewandert. Wir erzählten ihnen von unserem Missgeschick, und sie waren gern bereit zu helfen.

Sie rechneten zurecht mit einem anständigen Trinkgeld.

Aber selbst alle drei zusammen hatten nicht die Kraft, den Wagen anzuheben.

Bei uns wuchs die Befürchtung, dass wir hier für Gott weiß wie lange gestrandet bleiben würden …

Plötzlich näherte sich uns eine schwarze Mammy mit einem Baby auf dem Rücken. Sie war eine mächtige Frau, und mit ihrer zusätzlichen Schulter unter dem Wagen gelang es, diesen so anzuheben, dass der Reifen gewechselt werden konnte.

Was war das für eine große Erleichterung!

Eine Randgeschichte werde ich nie vergessen: Wir hatten eine Thermosflasche mit Eis dabei und boten es unseren tüchtigen Helfern als Kühlung an.

Sie hat noch nie Eis gesehen, und ihre Gesichter verzogen sich unbeschreiblich, als sie es berührten. Dann brachen sie in unfassbar wildes Gelächter aus ...

Zu dieser Zeit war Sir Gerald Geasy der Governor der Goldküste. Er lebte mit seiner Frau in Christiansborg Castle. Sie luden uns zweimal zu sich ein.

Wir nahmen die Abendessen an einem herrlichen Platz zu uns. Beide Male sahen wir danach den Film *Geisterkomödie* mit Rex Harrison in ihrem wunderschönen Garten.

Der Film beruhte auf dem gleichnamigen Theaterstück von Noël Coward.

Rex Harrison hatte eine große Ähnlichkeit mit unserem Gastgeber. Vielleicht waren wir deshalb so versessen auf diesen Film ...

Ich hatte eine wundervolle Schneiderin. Sie wurde allgemein Madame Maria genannt. Sie hatte Accras gesamte High Society als Kundschaft. Dazu gehörten die Frauen des Generals und des Governors.

Maria nähte mir aus zweieinhalb Metern schwarzem Schottenstoff ein knöchellanges Kleid. Ein Petticoat aus Taft schaute unter dem Saum hervor. Prinzessin Margaret hatte diesen New Look für den Abend populär gemacht.

Ich trug das Kleid mit Stolz, doch Madame Maria erzählte mir später, sie habe sich von der Frau des Governors einen Rüffel eingefangen, weil sie die Robe nicht in voller Länge geschneidert hatte. Das entsprach nämlich dem Protokoll der damaligen Zeit.

Damals waren die Straßen längst noch nicht so gut wie heutzutage. Nur bis in die Außenbezirke von größeren Städten waren sie asphaltiert.

Die anderen Straßen waren höchstens wellig betoniert.

Auf der Fahrt wurde man ständig durchgerüttelt.

Das Government hatte in den verschiedenen Gegenden Gästehäuser. Darin konnten wir auf unseren Fahrten logieren. Sie waren sehr einfach, aber sie hatten ein Bett für die Nacht und hielten einen Bediensteten vor, der Essen zubereiten konnte.

Das schlimmste Gästehaus, in dem wir übernachteten, lag weit weg im Nirgendwo, in der Mitte des Dschungels.

Nichts war gemütlich in dieser Unterkunft.

Weil wir den ganzen Tag gefahren waren, gingen wir früh zu Bett. Mitten in der Nacht wachten wir auf, weil grässliche Schreie unser Blut stocken ließen. So etwas hatte ich noch nie gehört. Ich war mir, voll Aberglauben, sicher, dass es eine afrikanische Todesfee gewesen war.

Geoff versuchte mich zu beruhigen und meinte, es sei nur ein Baumbär oder ein Buschbaby gewesen.

Baumbären unterscheiden sich von anderen Bären darin, dass sie sehr gut klettern können, wobei ihnen ihre geringe Größe zum Vorteil gereicht. Buschbabys, auch Galagos genannt, gehören zu den nachtaktiven Feuchtnasenaffen und sind völlig harmlos.

Ich glaubte Geoff nicht ganz und konnte am nächsten Morgen nicht schnell genug wegkommen.

Ungefähr drei Jahre später sprach ich mit einem Professor der Afrikakunde über dieses Erlebnis und hörte von ihm die Bestätigung meiner Einschätzung:

»Oh ja, es ist bekannt, dass dieser Platz von Gespenstern heimgesucht wird.« …

Die United Africa Company hatte ebenfalls Gästehäuser. Die waren viel besser als die des Governments.

Wir zogen sie, wo immer möglich, vor.

Unser Favorit lag in Senchi, direkt am Fluss Volta.

Wir nutzten den Aufenthalt zum Fischen vom Boot aus.

Der Fluss mit seinem Hauptquellfluss Schwarzer Volta war breit und fischreich. Die Stromschnellen waren klar und der Flussboden steinig.

Geoff fing dort eines Tages einen prächtigen Buntbarsch, *Steatocranus irvinei*, und weil er kein Netz dabeihatte, benutzte er stattdessen meinen sündhaft teuren Sonnenhut.

Ich hatte ihn bei Tenwick's in London gekauft.

Der Fisch wehrte sich mit aller Kraft. Wir zählten später an ihm 21 Rückenflossenstachel.

Die zerstörten während seines Kampfes gegen das Gefangenwerden meinen kostbaren Hut.

Die äußere Reihe seiner zweispitzigen Zähne im Oberkiefer erledigten die Hauptsache.

In Senchi beschloss ich auch, niemals mehr ein Sonnenbad zu nehmen. Ich hatte im Garten in einem zweiteiligen Badeanzug auf dem Sonnenbett gelegen und ein Buch gelesen.

Überall, wo ich nicht geschützt war, bekam ich einen Sonnenbrand, und meine Haut riss in zentimeterlange Fetzen. Tagelang litt ich Todesqualen. Damals dachte man noch nicht darüber nach, welchen Schaden Sonnenstrahlen anrichten konnten, und man schützte sich kaum.

Aber wie gesagt, ich nahm niemals mehr ein Sonnenbad!

Geoff meinte, ich solle doch Besuche im British Military Hospital machen. Er dachte an Visiten bei den Patienten.

Eines Tages begann ich mit diesen Besuchen wirklich, und die Hausmutter empfahl mir, im Offizierstrakt anzufangen.

Im ersten Bett traf ich auf einen jungen Mann, der überhaupt nicht krank aussah.

»Hallo, was ist mit Ihnen?«, fragte ich ihn.

»Okay, ich war ein unartiger Junge«, antwortete er mir.

Nach dieser Antwort blieben mir die Worte weg.

Ich sagte nur: »Oh Gott!«, und begab mich schnell von dannen. Ich war noch eine blutjunge, unerfahrene Frau! …

Wir hatten in unserer Hütte keine Elektrizität. Beleuchtet wurde mit Petroleumlampen. Nach Anbruch der Dunkelheit zogen die aus den Büschen, die unser Haus umstanden, allerlei fliegende Insekten an.

Wir stellten auf dem Fußboden große, mit Wasser gefüllte weiße Emailleschüsseln auf und sahen zu, wie viel Ungeziefer von den Wänden in sie hineinfiel.

17 Spiralen zusätzlich leuchteten in der Abenddämmerung, um uns die Moskitos vom Leib zu halten. Natürlich schliefen wir auch unter Netzen und nahmen zum Frühstück Paludrine als Malariaprophylaxe.

Die Bremsen unseres Kombis waren nicht 100% in Ordnung. Als ich einmal in Accra fuhr, hatte ich Schwierigkeiten, den Wagen schnell genug zum Stehen zu bringen.

Dabei war dies dringend nötig, denn eine größere Zahl Fußgänger tauchte aus einer Seitenstraße plötzlich vor mir auf. Ich bekam einen ziemlich bösen Blick von einem großen Afrikaner, der bestimmt der Anführer der Gruppe war, denn er wurde von Kulis mit Schirmen gegen die Sonne geschützt.

Am gleichen Abend waren wir bei G.H. eingeladen.

Der Geburtstag des Königs wurde gefeiert. Da sah ich plötzlich auf der anderen Seite im Raum den Mann, den ich am Morgen fast umgefahren hatte.

Ich erzählte das leise unseren Freunden, die mit zugegen waren. »Was für ein Pech, dass du ihn nicht schwerer getroffen hast. Das ist Nkrumah«, erwiderte einer von ihnen.

Der Kerl war der prominenteste Politiker des Governments und sorgte immer wieder für Schwierigkeiten im täglichen Leben.

Er wurde erst Premierminister und später, nach der Unabhängigkeit, sogar Governor der Republik Ghana.

Unser Leben verlief weiter sehr gesellig. Wir spielten viel Tennis, schwammen und surften am Labadi Strand.

Partys gab es ohne Unterlass.

Einladungen zum Kaffee, Cocktails, Lunch oder Dinner.

Wir hatten viele gute Freunde, deshalb war ich sehr traurig, als Geoff mir sagte, dass wir den Gold Coast District verlassen müssten, weil er A.D.M.S. »Nigeria District« werden solle.

»Wir werden in Lagos leben. Ich erhalte die Verantwortung für den gesamten medizinischen Bereich der Armee in Nigeria. Die Stadt hat mittlerweile über 174.000 Einwohner, ist also in etwa so groß wie Accra.« Nun sollte das Reisen erst richtig losgehen ...

Wir beschlossen, eine Abschiedsfest zu geben.

G.H. überließ uns sein Haus, unseres war viel zu klein, um die 70 geladenen Gäste aufzunehmen ...

Wir impften unseren besonderen Freunden, zwölf an der Zahl, ein, zu bleiben, wenn die anderen nach »Eggs and Bacon« gehen würden.

Wir rechneten damit, dass das gegen 21:00 Uhr oder 21:30 Uhr geschehen würde und waren sehr konsterniert, als wir um Mitternacht noch 40 überzählige Gäste hatten, die keine Anzeichen machten, Abschied zu nehmen. Der Pater kam und ging sogar dreimal!

Geoff war einmal Hundeführer gewesen und hatte deshalb immer sein Horn dabei. Er beschloss »Home« zu blasen und hoffte, dies würde unsere ungebetenen Gäste die Zeichen der Stunde erkennen lassen, sodass sie endlich gingen. In gewissem Umfang funktionierte das auch. Wenn auch verspätet, saß der Rest von uns nun bei »Eggs and Bacon« zusammen und nahm traurig Abschied.

Erst am nächsten Morgen entdeckte Geoff, dass er das Horn wohl zu fest geblasen hatte.

Er hatte sich einen Leistenbruch zugezogen.

Unsere Abreise nach Lagos verzögerte sich deshalb. Er musste ins B.M.H., wo ihn Dr. Igor Marlin operierte. Der war ein begnadeter Chirurg.

Schließlich erholte sich Geoff noch zusammen mit mir eine Woche im Gästehaus von Aburi. Er wollte völlig fit sein, bevor wir die lange Reise nach Nigeria antraten ...

Wir beschlossen, die Route über Lomé und Dahomey, durch Französisch-Togo, zu nehmen. Die Reise war nicht gerade aufregend. Ich erinnere mich nur ein wenig an einen Baraufenthalt in Lomé, im Hotel de France. Es war abscheulich. Termiten hatten fast die gesamten Bodendielen aufgefressen. Mir lief ein Schauder über den Rücken, wenn ich nur daran dachte, die Toilette aufzusuchen. Der Zustand der sanitären Einrichtungen war unzumutbar.

Unser zweiter Halt in Cotonou verlief besser. Mir kommen frische Garnelen und kalter Champagner in Erinnerung.

Im September 1948 erreichten wir endlich Lagos ...

Wenn ich an Termiten denke, schweifen meine Gedanken nochmals nach Accra zurück.

Eines Samstagnachts gingen wir in den Accra Club zum Tanzen. Das Gebäude war vormals ein Bahnhof gewesen, bevor es zum Tanzclub umgebaut wurde.

Der wurde zur beliebten Vergnügungsstätte.

Das blieb so, bis eines Tages die Tanzfläche von vielen Tänzern bevölkert war und plötzlich nachgab. Termiten hatten sich heimlich einen Weg unter ihr durchgefressen ...

Lagos, Nigeria 1948-1950

Die Army Headquarters lagen in Apapa, dem Hafenviertel der Stadt, auf der anderen Seite der Lagune, etwa zwölf Meilen von Lagos' Zentrum entfernt. Man kam über die Codor Brücke dorthin. Die meisten Familien der Offiziere, aber auch der Unteroffiziere, lebten dort in Wellblechhütten. Sie wurden Nissen-Hütten genannt, nach dem englischen Offizier Nissen, der diese halbrunden Baracken als Notquartiere entworfen hatte. Man hatte sie am Badogusoi Creek errichtet ...

Wegen des außergewöhnlichen Klimas, es war heiß und feucht, begann man in der Army schon um 7:00 Uhr zu arbeiten und hörte bereits wieder um 13:00 Uhr auf.

Nach dem Mittagessen ging jedermann in sein Bett und hielt Siesta bis in den späten Nachmittag.

Wenn es dann kühler wurde, trieb man Sport.

Für Geoff bedeutete das an drei Nachmittagen der Woche Polo. Für mich, neben dem Trainieren unseres Ponys Alibaba einmal die Woche, Tennisspielen, Segeln und Fechten. In Fechten wurde ich wirklich gut.

In der Saison – November bis März – fischten wir sooft als möglich Barrakudas.

Nun war ich endlich eine »legale« Ehefrau. Unsere Nissen-Hütte war groß und hatte einigen Komfort.

John, unser erster Boy, war ein älterer Herr, trug ein Toupet und fuhr viel mit dem Fahrrad. Eines Morgens radelte er davon, ich weiß nicht wohin, aber er kam mit Blumen zurück, die er wunderschön arrangierte.

Greasy war unser Boy für die Wäsche.

Es amüsierte mich immer wieder, wie er unsere Kleidungsstücke bleichte.

Alles Weiße wurde zuerst mit »sunlight soap« gewaschen und dann auf dem Rasen zum Bleichen ausgelegt.

Dabei wurde es des Morgens zwei- bis dreimal mit kaltem Wasser bespritzt.

Bis heute habe ich nie ein weißeres Weiß gesehen.

Es gab allerdings einen Haken an der Sache: Ein hässliches Insekt, die Mango- oder auch Tumbufliege, legte ihre Eier ins Gras, und wenn die Larven in die Kleidungsstücke krochen, bohrten sie sich, später am Leib, unter die Haut. Es entstanden Eiterbeulen. Wenn man sie drückte oder aufstach, kam eine Made hervor …

Der Frau des Generals passierte dies, als die Larven unter ihr Höschen krochen! Damit uns dies nie geschah, musste Greasy alles bügeln.

Ignacious war unser Koch, kein besonders guter.

Er wusste nicht einmal, dass ein Truthahn länger gebacken werden musste als ein Huhn.

Weihnachten warteten wir drei Stunden auf das Festessen.

Fisch konnte er recht gut zubereiten.

Er lebte mit uns schließlich am Fluss.

Gerne ging er mit einer lackierten Kanne zu den Fischern runter zum Fluss. Die fischten dort am Grund. Für einen Schilling ließ er die Kanne mit Garnelen füllen.

Wir aßen sie dann auf allerlei Art zubereitet.

Sonntags, wenn wir Gäste hatten oder zum Lunch eingeladen waren, gab es meist eines der drei Gerichte:

Koteletts in Palmöl, Curry oder Erdnusseintopf.

Das änderte sich nie.

Später, als Ignacious ging, kam Linus zu uns.

Er war ein exzellenter Koch.

Einige Wochen nach unserer Ankunft in Lagos erschien James, der in

Accra unser zweiter Boy gewesen war. Er wollte weiter für uns arbeiten. Wir machten ihn auch hier zum zweiten Boy unter John.

Ich weiß nicht, wie es gelang, aber wenn wir eine Einladung aussprachen, auch zwei oder drei, waren immer genug Nahrungsmittel vorhanden. Selbst bei größeren Dinnerpartys gab es auch immer genug Geschirr, Besteck und Gläser, obwohl wir selbst gar nicht so viel besaßen. Die Boys erledigten das, und wir wollten gar nicht wissen, wie sie das taten ...

Am Samstag nach unserer Ankunft waren wir bei Colonel Brian und seiner Frau Kate zum Mittagessen eingeladen. Mit dabei waren der Colonel, der das Krankenhaus leitete, zusammen mit seiner Frau Fran.

Mit der Zeit sollten wir Freunde werden.

Kate war sehr kurzsichtig und brauchte dicke Linsengläser.

Sie war auch ziemlich dicklich.

Das Ehepaar hatte einen kleinen Dachshund, der Jasper hieß. Mitten beim Essen begann er zu kläffen.

Kate stand auf, um nachzusehen, was mit ihm los war.

Sie kam zurück, griff sich einen Wanderstock und ging ohne eine Erklärung wieder hinaus.

Das Gekläffe ging weiter, und als Kate nicht zurückkam, ging auch ihr Ehemann Brian hinaus, um nach ihr zu sehen.

Wir konnten durch die Glastüre verfolgen, was geschah:

Kate kniete und stieß mit dem Stock nach einer Cobra, die sich in Angriffsposition befand.

Brian riss ihr den Stock aus der Hand und drängte Kate aus der Gefahrenzone. Dann schlug er nach der Schlange und rief die Boys zu Hilfe. Das Reptil hatte wohl in Jaspers Auge gespuckt, das schwoll unentwegt weiter an.

Der Hund musste sofort ins Hospital gebracht werden.

Nach dieser Aufregung aßen wir in Ruhe weiter ...

Der Polo Club, der etwas vor der Stadt lag, spielte eine große Rolle in unserem neuen täglichen Leben.

Viele Offiziere waren Mitglied. Montag, Mittwoch und Samstag waren die üblichen Spieltage.

Der Club wurde von einem Brigadier im Ruhestand geleitet. Er hieß Owen. Owen hielt Stunden ab, um die Ponys zu trainieren.

Alle Pferde hatten ihre Stallungen auf dem Clubgelände.

Die Stallburschen wohnten bei ihnen. Es gab nur Hengste, keine Stuten oder Wallache.

Geoff hatte unser Polopony Alibaba von einem Mann gekauft, als der wegzog.

Wenn man erst auf Alibabas Rücken saß, konnte man sich auf einen schönen Ritt freuen.

Aber er stieg gerne, so sehr, dass wir ihm beim Aufsitzen die Augen verbinden mussten.

Unser Pferdebursche wurde dann in den Sattel gehievt, und während er auf einer Seite wieder abstieg, saß der Reiter auf der anderen Seite vorsichtig auf. Beide hielten so die Balance.

Geoff erlaubte mir nicht, Polo zu spielen. Nach seiner Meinung durfte man eine Frau nicht wie einen Mann reiten lassen. Ich tat das Nächstbeste und ging mit Alibaba wenigstens zu den Trainingsstunden.

Bei einem Fest im Club ritt ich Alibaba bei einem Bewegungsspiel. Es lief so ähnlich ab wie die Reise nach Jerusalem. Eine Reihe Stühle standen im Kreis, und Bälle lagen auf den Sitzflächen.

Solange die Musik spielte, galoppierte man langsam um die Stühle herum. Wenn sie stoppte, peste man zu den Stühlen hin und versuchte einen Ball zu erhaschen.

Nach jeder Runde wurde die Anzahl der Stühle und Bälle verkleinert.

Schlussendlich blieben ein Stuhl, ein Ball und drei Reiter übrig. Dieses Mal waren es Fergus H., Theo K., zwei unserer Offiziere, und ich.

Die Musik spielte wieder, und wir galoppierten im Kreis. Dann stoppte sie, und wir ritten zum Stuhl.

Vor Eifer stießen wir zusammen, und ich fiel vom Pferd. Alibaba ging auf und davon.

Die beiden galanten Offiziere wussten nichts Besseres zu tun, als ihn wieder für mich einzufangen.

Ich nutzte die Gelegenheit, den Ball vom Stuhl zu nehmen und wurde zu Fuß Siegerin ...

David Richards, der Bruder von John, war für die Sicherheit unseres Generals verantwortlich. Er war 24 Jahre alt, als er in Lagos ankam und für U.A.C. arbeitete.

Wie John war er ein kühner Reiter und ein ordentlicher Polospieler.

Als in Kaduna eine Poloveranstaltung angesetzt war, beschlossen wir, mit unseren Ponys dorthin zu fahren.

Die Stadt lag im Landesinneren. Faith Howe, die Tochter von Gerhard, dem Präsidenten des Obersten Gerichtshofs und später einer der »Götter« unserer Tochter Suzanna, war kürzlich nach Lagos gekommen. Sie war erst 15 Jahre alt und eine wunderbare kleine Reiterin.

Sie besaß ein Pony mit dem Namen Express. Viele hielten es für das beste Pony des Clubs. Faith wollte es beim Ladies Race reiten. Das Rennen wurde im letzten Moment abgesetzt. Daraufhin bot Faith David ihr Pony für dessen Rennen an. Man arrangierte vor einem Polo-Nachmittag ein Treffen, damit David sehen konnte, wie er mit Express zurande kam. Wir bauten zusammen mit dem Stallburschen von Faith für David zwei kleine Hindernisse auf.

Sie waren nur wenige Fuß hoch. Als er auf das erste Hindernis zuritt, scheute Express plötzlich. David wurde abgeworfen und schlug hart auf. Er bewegte sich nicht, als wir zu ihm hin gingen.

Da kam schon jemand vom Clubhaus hergerannt und scheuchte uns fort.

David hatte sich das Genick gebrochen und war bereits tot, als die Ambulanz eintraf.

Faith und ich waren die einzigen anwesenden Frauen und völlig am Boden zerstört.

Ich war zu dieser Zeit hochschwanger, und obwohl ich noch ritt, ließ ich nach diesem schrecklichen Ereignis Jahre vergehen, bevor ich wieder mit Springreiten begann.

Wenn ich an Faith denke, fällt mir auch der Moment ein, in dem der Emir von Katsina mit seinem Team nach Lagos kam. Er hatte +6 Hurlingham Standards, und wir sahen keine Chance, zu siegen.

Gwen beschloss, es wie Faith. jedoch ohne Stock zu versuchen. Sie war ein gut gebauter Teenager, und man riet ihr, Express einfach zu reiten, ohne dass er dem Ball nahekam. Es gelang nicht ganz, aber einigermaßen, und der Emir war ziemlich beeindruckt.

Es ist kaum möglich, Alfie Littlewood und das Palm Tree Hotel zu beschreiben.

Ich kann mir nur vorstellen, dass Alfie bei einem Schiffswechsel in Lagos hängen blieb.

Er war ein typischer Seebär und hatte auch so einen Charakter.

John Richards widmete ihm in Abwandlung von Lewis Carrolls der Weiße Ritter ein Gedicht. Es beschreibt ihn wunderbar.

Das Hotel lag auf der Apapa-Seite und war ein Anlaufhafen für alle von uns, die in dieser Gegend lebten. Das Hotel war oft so besucht, dass die gesamte Straßenfront zugeparkt war.

Speziell an Polotagen, wenn wir auf dem Heimweg reingerufen wurden, gingen wir ebenfalls dorthin. Einmal bestand Alfie darauf, dass wir alle einen Schweinefuß aßen, ich tat das nie zuvor. Ein anderes Mal buk er große Seezungen und versprach mir, ich könne eine mitnehmen, wenn ich sie in meine Handtasche bekäme. Pat Adams, Theo K. und andere versuchten sie aufzurollen, damit sie in die Tasche passte. Vergeblich, aber die Tasche verlor trotzdem nie mehr den Fischgeruch und musste weggeworfen werden. Das wurde eine teure Seezunge!

Als Leute vom britischen Konsulat von Lagos im Palm Tree Hotel ein Abendessen abhalten wollten und anriefen, um einen Tisch zu buchen, sagte Alfie auf die Frage, was es zu essen gäbe: »Bückling mit Vanillesoße.«

»Ich habe ihren Ton nicht gemocht«, erklärte er uns später.

Theo schrieb uns, er überließe uns Pongo und Billy, zwei Hunde, die wie Dandie Dinmont Terrier aussähen, aber als Lagos' Polo-Club-Züchtung bekannt wären.

Pongo war ein Männchen, Billy ein Weibchen, angeblich Bruder und Schwester. In Wirklichkeit war Billy ein Welpe und Pongo ihr Vater. Später bekamen sie drei Junge. Das war ein sehr fleckiger Wurf. Eines war braun und weiß und zwei schwarz und weiß. Keiner von ihnen ähnelte den Eltern oder wenigstens sich untereinander.

Wir fanden ein Zuhause für die zwei schwarz-weißen.

Den dritten behielten wir für uns und nannten in Carpenter. Er war mit einer Hüftdysplasie geboren und erledigte »Gelegenheitsarbeiten« im Haus.

Wir reisten viel und sahen eine Menge von Nigeria: Abeokuta, Ibadan, Enugu, Kaduna, Zaria, Jos, Benin.

Wir wohnten immer bei dem Offizier, der das örtliche Bataillon führte.

Nur in Benin waren wir bei dem Offizier für Forstwirtschaft und seiner Frau Helen eingeladen. Ihn kannte Geoff schon von Kindeszeiten an aus der Schule.

Ich werde nie vergessen, wie wir zusammensaßen und Stew aßen. Sie war eine kräftige Frau und nahm Hände voll davon von ihrem Teller, um es dem Hund zu geben.

Es war ein großer schwarzer Retriever.

Er saß während des gesamten Essens neben ihr.

Mir wurde fast übel bei diesem Schauspiel.

In Zaria, arrangierte Pip W., der Cornell, als er erfuhr, wie scharf ich aufs Reiten war, mit einem seiner Majore und dessen Weib einen Ausritt.

Die hielten eine große Anzahl Pferde.

Wir ritten 4 Stunden. Zum Ende machten wir noch ein Rennen auf dem Zaria Race course.

Das wurde eine erhebende Erfahrung. Ich hatte vorher niemals Gelegenheit, auf einer echten Bahn zu reiten.

In der Nähe von Jos, im Norden Nigerias, begegneten wir den Pagans. Die Frauen waren bis auf ein Bündel von Blättern vor ihrer Scham nackt. Die Männer zeigten sich ebenso, trugen aber ihre Penisse in kleinen gewobenen Körbchen.

Als Zeichen seiner Bedeutung diente dem Häuptling eine Wolldecke. Auf dieser Reise fühlte ich mich so richtig in Afrika.

Wir querten den Fluss auf einem Floß. Einer der Schwarzen blies dabei auf einer Muschel ein melancholisches Lied ...

In Kaduna spazierte ich über den Markt. Dort sah ich einen Stall mit vier Enten. Sie kamen mir äußerst preiswert vor. Als wir etwas später am Tag mit dem Zug zurück nach Lagos fuhren, kaufte ich sie. Ich stellte mir vor, wie lustig es sein würde, sie rund ums Haus zu haben oder auch schwimmend in der Lagune.

Nun ja, wir brachten sie nach Lagos, aber sie wurden ein teurer Kauf. Zuerst schissen sie in den Mannschaftswagen, der uns zum Bahnhof von Kaduna fuhr, und Geoff musste dem Fahrer für dessen Reinigung ein gehöriges Trinkgeld geben. Im Zug erschien dann auch noch der Schaffner und erklärte uns, die Enten seien Frachtgut und müssten entsprechend bezahlt werden ...

Sie blieben nicht lange bei uns. Ungefähr eine Woche später waren sie verschwunden. Geoff meinte, sie wären wahrscheinlich nach Kaduna zurückgeflogen. Ich glaubte eher, dass unser Boy sie »gechoppt« habe – Chop war ihr Slang-Wort für Essen, Smal Chop war übrigens ein Cocktail und Ähnliches ...

Major Marlin, der in Accra Geoffs Bruch operiert hatte, kam zu Besuch, als wir noch im Behelfshaus lebten. Er wollte Lagos sehen, bevor seine Dienstreise zu Ende ging.

Wir kannten ihn nicht allzu gut.

Er war ein ruhiger Mensch und mochte den lauten Polo Club nicht. Wir waren nicht sicher, mit was wir ihn gut unterhalten könnten. Eines Tages sah ich ihn auf der Wiese beim Malen. Wir hatten dieses große langweilige Badezimmer, und ich fragte ihn, ob er nicht ein paar Fische oder etwas Ähnliches auf die Wand malen könnte, um sie aufzuhübschen.

Er zeigte sich sehr begeistert.

Er malte einige Tage, versteckte aber sein Werk unter einem Tuch. Als er fertig war, gab es eine große Enthüllungszeremonie. Es war ein Meisterwerk geworden! Eine Meerjungfrau saß in Lebensgröße mitten im Bach auf einem Felsen. Sie sah aus wie ich, allerdings nackt!

Es war schwer, Geoff davon zu überzeugen, dass ich ihm nicht Positur gesessen hatte.

Nach einigen Monaten in unserer Behelfshütte war unser neues Quartier endlich fertig.

Die Army hatte gute Arbeit geleistet und einige wirklich nette Häuser gebaut. Wir waren die Ersten, die umziehen durften. Unsere Adresse lautete nun No. 1 Park Home - Apapa. In zwei Stockwerken hatten wir vier Schlafzimmer, zwei Badezimmer, ein großes Wohnzimmer, das sich in eine gut bemessene Veranda öffnete, ein zusätzliches Esszimmer, Küche, Speisekammer und genügend Stauraum. Unser Garten war gut geschnitten mit einem Quartier für die Boys im hinteren Teil.

Ich sollte unseren Fluss von Accra noch sehr vermissen. Besonders während des Sonnenuntergangs, wenn ich den kanuähnlichen Booten zugesehen hatte, wie sie vom Oberland heruntergestakt wurden, waren sie im Zwielicht ein unvergesslicher Anblick gewesen. ...

Kurz nach unserem Umzug, noch bevor wir begannen den Garten zu richten, erschien John mit einer großen Schlange, welche die Boys erschlagen hatten. Ich hasste Schlangen und erklärte ihm: »Ihr erhaltet von mir eine Belohnung, für jede getötete Schlange.« Wie naiv war ich doch!

Nun bekam ich jeden Tag Schlangen gebracht.

Ich bin sicher, unsere Boys trafen ein Arrangement mit den Boys der Nachbarschaft.

Das ging so weiter, bis wir endlich einen Gärtner hatten ...

Wir fuhren auch nach Ibadan, wo wir an einer Party in der Offiziersmesse teilnahmen. Die Stadt war seit 1946 die Hauptstadt des britischen Protektorats Süd-Nigeria. Sie gehörte neben Lagos zu den schnell wachsenden Städten des Landes.

Wir wohnten bei Goldie, er war der örtliche Kommandeur. Seine Frau Ba war zu dieser Zeit nicht anwesend.

Es wurde eine steife Angelegenheit.

Die Männer trugen Gesellschaftsuniform, hautenge Hosen, »Affenjäckchen«, das waren overallähnliche Blousons, man sagt, sie wurden als Erstes von der Marine getragen, und Kummerbund.

Die Damen trugen natürlich Abendgarderobe.

Goldie verließ sein Haus als Gastgeber früh.

Er wollte schon in der Offiziersmesse sein, wenn die ersten Gäste kamen.

Er ließ uns seinen Offiziersburschen als Hilfe zurück und meinte, wir müssten uns nicht beeilen.

Umso erstaunter waren wir, dass er uns, als wir ankamen, unwirsch fragte, wo wir denn so lange geblieben seien.

Schließlich stellte sich heraus, dass direkt, als er sich nach seiner Ankunft hingesetzt hatte, der hintere Saum seines Blousons von oben bis unten aufgerissen war und er sich nicht mehr traute, aufzustehen und sich zu bewegen.

Er hatte gar nicht auf uns gewartet, sondern auf seinen Burschen!

Der musste sich nun schnell auf den Weg machen, um Ersatz für das Jäckchen zu sorgen.

Mobiltelefone waren in diesen Tagen noch nicht erfunden!

Unser Boy John hat nur einmal etwas bei einer Essenseinladung richtig verbockt.

Geoffrey war gerade mit dem General und anderen auf einer Konferenz in Accra. So machten wir Mädchen uns auf eine Shoppingtour nach Lagos, von wo wir zum Mittagessen zu unserem Haus zurückkehrten.

Ich war damals kaffeesüchtig. Deshalb gab es in der Küche immer Kaffee in einer Thermoskanne.

Bei solchen Gelegenheiten wurde der Kaffee allerdings mit der Maschine zubereitet.

Ich instruierte John, er solle ihn auf diese Weise nach dem Mittagessen anbieten.

Also war ich erstaunt, als er mit einem Tablett voll Tassen, Untertassen und der Thermoskanne aus der Küche hereinkam.

Er drehte sich zu jeder Dame hin und schenkte voll Eifer den Küchenkaffee ein! John war so ein lieber alter Mann, deshalb konnte ich ihn nicht vor allen Freundinnen maßregeln.

Das hätte ihm das Herz gebrochen, und es gab keinen besseren Majordomus als ihn …

Es war nicht leicht, in Lagos anderen Käse als den örtlichen, namens Vom, zu kaufen.

Der war nicht besonders gut. Einige meiner Freundinnen entdeckten, dass es im Bristol Hotel von Lagos für die Gäste Danish Blue gab. Von da an gingen wir einmal die Woche in das Hotel und bestellten jeder einen Drink und einen Teller mit Käse-Sandwichs.

Den Käse brachten wir unseren Männern als kleinen Freudenbringer mit nach Hause …

Joe Hayes kam für kurze Zeit als General nach Lagos.

Seine Frau Dot und er hatten zuvor in Kaduna gelebt. Sie brachten ihre Bediensteten mit. Die gehörten zu dem Stamm der Hausa. Eine Ethnie, die in weiten Teilen Nord-, West- und Zentralafrikas lebte.

Ihren Schwerpunkt der Besiedlung bildete der Norden von Nigeria. Die Männer dieses Volksstammes sind viel größer als der Durchschnitt in Nigeria.

Schon kurz nach der Ankunft der Hayes waren wir bei ihnen zum Abendessen eingeladen.

Ich musste kichern, als ein riesiger Majordomus erschien und verkündete: »Chops-up!«

Unsere John hätte gesagt: »Das Dinner ist zubereitet!«

Die Hayes waren sehr irisch, sehr locker und beliebt.

Er war ein guter Segler, und als er hörte, dass ich auch segelte, heuerte er mich auf Dauer als Mitglied seiner Crew an.

Von da ab segelten wir jeden Mittwoch und jeden Samstag durch die Lagune. Wir gaben ein gutes Team ab und gewannen fast jedes Rennen. Wenn das wieder einmal geschah, lud er mich ins Flagstaff House auf einen Drink ein.

Wenn wir wirklich einmal verloren, gingen wir ohne ein Wort auseinander. Wir waren beide sehr ehrgeizig.

Dot war eine Liebe, und mit meinen weiteren Freundinnen Eve und Erica machten wir so manchen Einkaufsbummel.

Eines Tages, als wir gerade in der Cafeteria des Kingsway Stores saßen, machte Dot mit lautem »Pss-Pss« auf sich aufmerksam.

»Stellt euch um mich herum, eine vor mich, eine hinter mich und eine neben mich«, flüsterte sie.

Da sahen wir ihre Bredouille: Ihre elastische Unterhose war heruntergerutscht und hing zwischen ihren Knöcheln. Geistesgegenwärtig streifte sie das Höschen ab und ließ es in ihrer Handtasche verschwinden.

Als sei nichts geschehen, wandten wir uns wieder dem Kaffeetrinken zu.

Später wollte Dot mit ihrem Hund Kofi am Victoria Beach rennen und schwimmen. Das Wasser sah einladend aus. Sie platschte herum, hielt ihr Hemd dabei hoch und vergaß total, dass sie unten ohne war! ...

Clark und Bitta Kuykendall wurden in Lagos gute Freunde von uns. Clark war der amerikanische Konsul.

Jeden Donnerstag gingen wir zum Konsulat, spielten zuerst Krocket und tranken danach mehrere Old Fashions. Einmal war ich mit Bitta allein, Clark war auf Reisen. Ich betrachtete bewundernd ihre Gardenien, die fantastisch gediehen und sprach sie darauf an. »Nun«, sagte sie mit einem Grinsen, »nach jeder Dinnerparty geht Clark mit seinen Männern hierhin und zeigt ihnen Afrika. Die vielen Superphosphate lassen danach die Blumen wachsen und wachsen.« ...

Am 4. Juli feierten wir den Unabhängigkeitstag in ihrem Strandhaus an der Tarquah Bay. Die Wasseroberfläche war an diesem Tag ein Spiegelbild des Himmels. Sie sah einfach nur hellblau aus.

Das herrliche Wetter trug zu unserer guten Stimmung bei.

Wir hörten allesamt nicht auf zu lachen, besonders weil der Koch den geräucherten Lachs, den Bitta mit so viel Mühe aus den Staaten beschafft hatte, noch zusätzlich gekocht hatte.

Die Amerikaner Marietta und Hayes Bancroft wurden ebenfalls gute Freunde. Er war der Vorsitzende von Texaco Oil. Sie waren beide so breit wie hoch. Man erzählte mir, dass Marietta ein kleines, schmächtiges Ding gewesen sei, als sie nach Lagos kam.

Man konnte das immer noch an ihren zierlichen Füßen erkennen. Alle 18 Monate reisten die Bancrofts in die Staaten und kamen mit einem Container voll »Goodies« zurück.

Die mussten für die nächsten 18 Monate reichen.

Dreimal waren wir bei ihnen morgens um 9:00 Uhr zum Frühstück eingeladen.

Nachdem man die zehn Gänge, die mit Champagner serviert wurden, genossen hatte, wusste man, wo die beiden ihre Leibesfülle herhatten.

Sie besaßen ein kleines Motorboot. Wenn sie auf dem Wasser waren, sah man fast nur noch das Vorschiff schräg aus dem Wasser ragen. Jeder wusste sofort: Da fahren Hayes und Marietta!

Ian MacGregor, der Gynäkologe des Governments, und seine amerikanische Frau Hope wurden ebenfalls gute Freunde. Ian arbeitete im griechischen Hospital, etwas außerhalb von Lagos. Als ich schwanger wurde, war ich glücklich, mich in seine Hände zu begeben, anstatt nach UK zu reisen. Die meisten anderen Frauen taten dies. Für sie galt: Afrika ist das Grab des weißen Mannes und keinesfalls der richtige Ort, ein Baby zu bekommen ...

Ich konnte mir keinen besseren Platz als Afrika vorstellen. Mit so vielen Bediensteten im Haus lebte man in vollständiger Muße. Man war auf der Überholspur. Wir aber waren dieses Mal nicht auf ihr, oder jemand anderes war drauf. Ich bekam nämlich im fünften Monat meiner Schwangerschaft Malaria und wurde sterbenskrank. Die Ärzte kümmerten sich rührend um mich, und schlussendlich kam ich wieder auf die Füße.

Die Hayes verließen uns, als der nachfolgende General kam. Sein Nachname war Fairbanks, und wir nannten ihn natürlich alle »Dougie«. Er war ein sehr netter Kerl. Als Geoff mit ihm und anderen Offizieren zu einer Konferenz nach Accra reiste, bestand Dougie darauf, dass sein Träger immer um mich war, für den Fall, dass etwas geschah.

Einer der Offiziere, der für einen Urlaub nach UK reiste, überließ mir während seiner Abwesenheit seinen niedlichen Zweisitzer. Ich zischte mit seinem Burschen durch die Gegend und saß in Flagstaff-Uniform im Fond. Ich möchte nicht darüber nachdenken, was mein Offiziersfreund bei einer Fehlgeburt getan hätte. Trotzdem war das Überlassen des Wagens eine sehr nette Geste.

Der Ikoyi Club in Lagos war für viele Menschen ein beliebter Platz, sich zu amüsieren, Tennis zu spielen und anderes Schönes zu unternehmen. Wir sahen keine Notwendigkeit, dort Mitglied zu werden, denn die Army gewährleistete alle Annehmlichkeiten, die man brauchte. Wir waren allerdings dort für einige sehr nette Partys zu Gast, zu denen uns Freunde einluden, die keine Army-Mitglieder waren.

In der Nacht, in der Suzanna geboren wurde, gaben wir eine Dinnerparty, wie immer in Gala. Zu dieser Zeit hatte ich jeden Morgen Rückenschmerzen. Geoff hielt es deshalb für eine gute Idee, die Party ausfallen zu lassen. Ich war strikt dagegen, es ging doch nur um Rückenschmerzen. Ich wollte den Schmerz ignorieren.

Das Abendessen bestand, wie immer, aus Suppe, Fisch, Hauptgericht, Dessert und pikanten Häppchen.

Die Suppe und den Fisch schaffte ich noch, doch dann musste ich mich entschuldigen.

Ich zog mich ins Schlafzimmer zurück.

Mein Bäuchlein benahm sich nicht.

Am Ende des Abendessens kamen Mo Balmer, Thadene Bates, Jean Greenwell and Eve Krady zu mir ans Bett. Ihre Gatten, Nicky McClintock, der persönliche Assistent des Governors und Geoff genossen inzwischen Zigarren und Brandy. Plötzlich fühlte ich es geboten, so schnell wie möglich zum griechischen Hospital zu kommen. Es lag immerhin 14 Meilen entfernt. Ich rief nach Geoff.

Sie waren gerade mit dem Brandy fertig …

Schnell stand der Vorschlag im Raum, dass alle mitführen. Gesagt, getan. Wir zwängten uns in die Wagen, und auf ging es nach Lagos. Ich fuhr bei Bates mit, fünf Wagen waren hinter uns. Geoff bildete mit dem Gepäck und unseren beiden Hunden Pongo und Billy das Schlusslicht …

Sie wünschten mir alle eine gute Nacht und viel Glück, dann verschwanden sie. Ich ging mit Geoff ins Hospital.

Nach einer kurzen Untersuchung sagte Ian zu meinem Gatten, dass es wohl bis zum frühen Morgen dauern würde, bevor etwas mit mir geschah. Er nahm daraufhin mit ihm und Hope noch einen Drink, bevor Geoff nach Apapa zurückfuhr.

Es war gegen 2:00 Uhr, also drei Stunden später, als unsere Tochter auf die Welt kam. Es war nicht Ian, der mir dabei half, sondern eine seiner wunderbaren Krankenschwestern.

Mein armer Geoff! Er war gerade ins Bett geschlüpft, als Ian ihn anrief und meinte: »Du wirst wohl zurückkommen müssen, Anne hat eine Tochter auf die Welt gebracht.« …

Zu dieser Zeit war Linus unser Koch. Es war Usus, dass wir uns jeden Morgen nach dem Frühstück zusammensetzten. Dann gab er mir »Das Buch des Kochs«, und ich schrieb ihm das Tagesmenü hinein und was vom Markt dafür gekauft werden musste. Das war das einzige Mal am Tag, wo ich ihn zu sehen bekam. Deshalb war es eine große Überraschung, als er eines Tages kurz vor Mittag vor mir erschien.

Suzanna war ungefähr eine Woche alt und lag oben im Kinderzimmer und schrie gellend. Ich unternahm nichts, denn Geoff hatte mir angeraten, sie nicht bei jedem Schrei aufzunehmen. Er meinte, sie wolle nur Aufmerksamkeit. Deshalb saß ich da und hörte auf ihr Schreien, selbst wenn es mich längst drängte, zu ihr zu laufen.

Ich fragte den Koch: »Was gibt es, Linus?«

»Das Baby schreit, Missus.«

»Das höre ich selbst, Linus.«

»Dann gehen Sie doch hoch, und sehen nach ihr.«

Das Ende war absehbar, ich brauchte keine weitere Ermutigung, stand auf und rannte die Stufen hinauf …

Wenn ich so an Suzanna denke, fällt mir noch eine andere Geschichte ein: Sie war noch ein zartes Baby, als sie in ihrem Gitterbettchen vor unserem Schlafzimmer auf der Terrasse schlief. Das Bettchen war wirklich schön und von Sträflingen handgefertigt. Es hatte eine Abdeckung, über die ich als zusätzlichen Schutz noch ein Moskitonetz gebunden hatte. Unser Haus lag nämlich nahe am Busch, nicht Dschungel, mehr dichtes Unterholz.

Ich wollte einen kurzen Blick auf sie werfen, um zu schauen, ob alles in Ordnung war. Mich packte das blanke Entsetzen. Unser Schlafraum war voller Bienen, Hunderte von ihnen!

Ich sah keine Möglichkeit, auf die Terrasse zu kommen, rannte zum Telefon und rief Geoff bei G.H.Q. an. Er nahm sofort Kontakt zum Lagerkommandanten auf. Einige Männer wurden abgestellt, das Problem zu beheben. Als sie endlich kamen, waren die Bienen allesamt in einer Schublade verschwunden. Zum Glück konnten sie in der Schublade fortgeschafft werden. Ich mag mir nicht vorstellen, was passiert wäre, hätte das Bettchen keine Abdeckung gehabt, und hätte ich es nicht mit einem Moskitonetz überzogen …

Als Suzanna getauft wurde, hatten wir von einer Fregatte, die vor Kurzem von Cotonou, Französisch-Togo, eingelaufen war, eine Menge Champagner erhalten. Man hatte einige Malariafälle an Bord, als das Schiff in Lagos andockte. Die kranken Seeleute wurden heruntergeholt und in das B.M.H. verbracht. Geoff und der Schiffsarzt tauschten sich während der Behandlung oft miteinander aus, und der Arzt kam mehrfach zu uns zum Abendessen. Als die Abfahrt bevorstand, fragte er meinen Mann: »Mögen Sie Champagner?« »Und ob!«, antwortete der ehrlich. »Gut, dann kommen Sie morgen mit Ihrer Frau zum Abendessen an Bord und bringen einige Taschen mit.« Das taten wir, und die Taschen wurden mit so viel Veuve Clicquot gefüllt, dass wir über 50 Gäste während der Tauffeier glücklich machen konnten. Ich wurde etwas unruhig, denn als wir das

Schiff verließen, stießen wir am Ende der Gangway auf einen Wachposten. Er musste das Klimpern der Flaschen gehört haben, als wir, unter deren Gewicht schwankend, an ihm vorbeikamen, aber er sagte nichts. Unser lieber General hatte uns für die Taufparty Flagstaff House angeboten. Das lag nahe der Kirche und war viel komfortabler als unser Haus. Ruth Challinor und Hope MacGregor wurden Taufpatinnen, und wir waren glücklich, dass Jerry zusammen mit Paul Longden, der in UK weilte, die Patenschaft ebenfalls annahm.

Wir mussten also für die Taufzeremonie von Apapa nach Lagos. Auf der Hälfte des Weges machten wir im Palm Tree Hotel halt, um Suzanna neu zu windeln und ihr das Taufkleid anzuziehen. Maria hatte für sie ein besonders schönes Kleid angefertigt und von Accra geschickt. Wir waren sehr glücklich und gerührt, Alfie Littlewood in der Kirche zu sehen. Zur Party kam er leider nicht.

Eine andere Episode von der Ankunft eines Schiffes erscheint mir erzählenswert: Unsere Offiziere richteten für die Offiziere des Schiffes in der A-Messe eine Willkommensfeier aus. In der Messe war ein großes Dame-Spiel aufgebaut worden, und nach dem Essen spielte die Army gegen die Marine. Die Spielsteine waren allerdings für die Army mit Brandy und für die Marine mit Rum gefüllt. Wenn ein Spieler einen Gegner beleidigte, musste er einen »Spielstein « auf Ex trinken. Wenn ein »Spielstein« vom Feld geworfen wurde, wurde ein Doppelter fällig.

Damals hatten unsere Leute schon ein ausgeklügeltes, drahtloses Gerät zur Verfügung, etwas wie ein Sender und Empfänger, der alles aufnahm und wiedergab.

Am Morgen nach der Party hörte ich das Ding ab.

G.H.Q. in Accra verlangte nach Major Fayne-G. in Lagos, und eine Stimme antwortete immer wieder:»Major Fayne-G. ist nicht erreichbar.« Ich hätte Accra den Grund dafür durchaus sagen können!

Als Suzanna ungefähr einen Monat alt war, hatte ich das Gefühl, dringend eine neue Dauerwelle zu brauchen. Mein Haar war so in Unordnung, außerdem dachte ich mir, ich könne inzwischen Geoff und Beatrice Scott mal für einen Moment mit Suzanna alleinlassen. Beatrice hatten wir als

Kindermädchen eingestellt. Sie kam mit guten Referenzen, aber sie hatte einen lang hervorstehenden Vorderzahn und riesige Hände. Deshalb durfte sie alles für unser Baby tun, nur es nicht berühren. Sie putzte das Kinderzimmer, wusch die Babywäsche und passte auf Suzanna auf. Aber wenn das Kind zu schreien begann, musste sie zu mir kommen, damit ich es tröstete.

Nun ging ich also zu Strutt & Williams, zwei schwulen englisch-walisischen Friseuren.

Wie es dazu kam, dass sie in Lagos ihren Salon aufgemacht haben, weiß ich nicht genau, aber ich nehme an, sie kamen als Seeleute während des Kriegs hierher.

Mr. Strutt war ein kleiner Mann, ein guter Friseur, Williams hingegen war groß und sein Assistent.

Sie waren sehr unterhaltsam und hatten in Lagos eine große Klientel. Ich glaube, dass alle Engländer zu ihnen kamen, nicht nur um die Haare in Ordnung zu bringen, sondern auch um den neuesten lokalen Tratsch zu hören.

Dieses Mal sagte ich zu Mr. Strutt, ich müsse sofort gehen, wenn mein Mann anriefe, weil er mit unserem Baby nicht zurechtkäme. Er müsse also dieses Mal so schnell wie möglich fertig werden. (Kein Getratsche!)

Er hatte gerade alle Lockenwickler eingedreht, als das Telefon läutete. Er nahm sie sofort wieder raus, und als ich in Apapa ankam, waren meine Haare schlimmer und wirrer als zuvor ...

Unsere Zeit in Nigeria ging zu Ende. Alibaba verkauften wir an Fitz G., als er mit dem Accra Polo Team nach Lagos kam. Er wurde an die Goldküste verschifft. Fitz war Reitersmann, und wir mochten ihn.

Pongo, Billy und Carpenter blieben bei den neuen Besitzern unseres Hauses.

Wir hatten hier viele gute Freunde gewonnen, und es fiel mir schwer, Goodbye zu sagen. Es lag im Ungewissen, ob wir uns jemals wiedersahen ...

Wir schifften auf der Jonathan Holt nach England zurück.

Sie war ein Frachtschiff mit nur 14 Passagieren.

Ich konnte mir nichts Besseres vorstellen.

Die Kabine und das Essen waren gut.

Jeden Tag gab es frischen Fisch.

Ein riesiger Köder wurde hinter dem Schiff hergezogen, und wenn ein Fisch anbiss, klingelte ein Glöckchen, und er wurde an Bord befördert.

Gerne erinnere ich mich daran, dass wir seit Langem nicht so viel Danish Blue-Käse gegessen haben. Er war in Unmengen vorrätig.

Über einen Monat genossen wir das Leben auf hoher See mit Abstechern in kleine Häfen, um Bananen, Kokosnüsse, Nüsse und vieles mehr zu kaufen.

Als wir in Accra anlegten, kam Dougie Fairbanks mit »Mamis Stuhl« an Bord, um uns zu sehen. Er war jetzt in Accra stationiert, und es war wunderbar, ihn nochmals zu sehen. Unser Captain war ein begnadeter Dartspieler. Jeden Abend drängte er uns, mit auf die Brücke zu kommen, um mit ihm zu spielen. Wir hatten viel Spaß. Manchmal gab es aber auch eine Verwundung, denn der Pfeil traf nicht immer nur das Brett.

Ich hatte Bedenken, wir könnten Suzanna nicht hören, wenn sie aufwachte. Deshalb ließ der Kapitän ein Gerät installieren, mit dem wir auf der Brücke alles hören konnten, was in unserer Kabine geschah. Aber die stetige Bewegung des Schiffs hielt Suzanna meistens im Schlaf.

Einen weiteren Zwischenaufenthalt hatten wir im Hafen von Abidjan. Beim Einkauf auf dem Markt konnte ich nicht fassen, wie preiswert alles war.

Schließlich ging unsere Reise doch zu Ende.

Im April nahm sie ihren Abschluss in Avonmouth.

Wir hatten sechs Wochen Aufenthalt in Catterick in Yorkshire. Unsere ersten Tage verbrachten wir in Essex mit Blue und Cocker. Danach besuchten wir auf der Isle of Wight meine Eltern. Aber schon am zweiten Tag wurde ich krank.

Meine Haut bekam eine hässliche gelbe Farbe.

Deshalb mussten wir so schnell als möglich von der Insel fort. Ein Spezialist wurde hinzugezogen, und er diagnostizierte Spritzenikterus.

Das einzige Mal, bei dem ich eine Spritze bekommen hatte, war in der Nacht von Suzannas Geburt gewesen.

Man gab mir ein Beruhigungsmittel, und die Nadel muss schmutzig gewesen sein.

Mein schlimmer Zustand hielt drei Monate unverändert an. Danach dauert es ein ganzes Jahr, bis ich wieder 100% fit war.

Catterick, N. Yorkshire 1950–1952

So kamen wir aus der Hitze und Feuchtigkeit von Westafrika in die Kälte von Catterick in North Yorkshire, wo das größte Army Camp Englands lag.

Geoff leitete dort das 500-Betten-Hospital. Das brachte eine Beförderung vom Lt. Colonel zum Full Colonel mit sich.

Wendy Raynolds war schon die Oberschwester in Accra gewesen. Wir freuten uns, dass sie es auch in Catterick blieb. Ich war mit ihr viel zusammen, wenn Geoff sich im Krankenhaus aufhielt. Wir mochten uns.

Wegen meines angegriffenen Gesundheitszustands beschlossen wir, zunächst im Offiziersclub zu leben. Dadurch musste ich nicht den Haushalt führen. Ajax, ein Brigadier der Army in Indien, nun im Ruhestand, führte mit seiner Frau Ruth den Club sehr engagiert, und wir wurden bald Freunde. Das Paar hatten zwei Jungen im Alter von 13 und 15. Beide waren auf dem Internat Haileybury. Die Jungs machten mich mit Squash bekannt. Sie waren sehr gute Spieler. Nigel, der jüngere, wurde später Nummer eins in England. Die Courts lagen gegenüber dem Seiteneingang des Clubs, genau dort, wo wir wohnten. Die Jungen spielten in den Ferien jeden Tag. Ich ging oft hinüber und schaute ihnen zu.

Locksley war der Bursche von Geoff. Er war verheiratet und hatte ein kleines Mädchen. So bot es sich an, ihn zu fragen, ob sie bei Gelegenheit das Babysitten für uns übernehmen könnten.

Eines Morgens, Geoff war schon zum Frühstücken in den Speiseraum gegangen, hatte sich Suzanna, die noch in ihrem Gitterbett war, aufgesetzt und lutschte am Ende eines Maßbands. Ich muss es ihr wohl gegeben haben, um sie ruhig zu halten. Doch als ich nun sah, dass sie etwas im Mund hatte, eilte ich hin, um zu sehen, was es war. Sie hatte schon den Halbmond aus Metall, der sich am Ende des Maßbands befand, hinuntergeschluckt.

Meinem Instinkt folgend, wollte ich sie an den Fußknöcheln fassen und kopfunter hängen und schütteln.

Ich rannte stattdessen, Geoff zu suchen, und prallte dabei gegen Locksley. Er drehte unsere Kleine sofort wieder um und versicherte mir, es sei alles in bester Ordnung mit dem Kind. Aber ich blieb in Sorge, denn der Halbmond tauchte nicht wieder auf, wie es sein sollte.

So wurde von Suzanna vorsichtshalber eine Röntgenaufnahme gemacht. Nach einigen Tagen der Angst war alles wieder gut. Das Stück aus Blech war wieder »herausgekommen«.

Unser General White trug den Spitznamen *Slap White*. Seine Frau Betty und Tochter Liz waren begeisterte Amateurschauspieler.

Catterick hatte ein nettes kleines Theater, was nach einem anderen General den Namen Carey führte. Ich hatte auch etwas für Schauspielerei übrig und nahm an zwei Produktionen als Mitspielerin teil.

Wenn wir zu den Proben gingen, fuhr immer ein Armeelaster vor, sammelte uns ein und brachte uns zum Theater.

Ich hatte auf dem Weg dorthin schon die Stimmen meiner Mitspielerinnen im Ohr, die im Stück sangen: »Ich glaubte, ich sah eine Miezekatze um mich herumschleichen.« – *I thought I saw a pussy cat acreeping up on me.*

Sie sangen aus Vorfreude schon im Lastwagen.

Die Episode, die ich nun erzählen möchte, betraf nicht mich, sondern Geoff. Es muss im Sommer 1950 gewesen sein, als ganz England das Festival of Britain feierte.

In North Yorkshire zelebrierten sie das Festival of Bedale, und Betty wurde gebeten eine Szene von *Edward III* und *Die Bürger von Calais* aufzuführen.

Betty White begutachtete alle Senior-Officers und traf die Auswahl: »Du, du, du und du, ihr müsst teilnehmen.« Der General musste den König spielen. Betty selbst spielte die Königin Philippa, Liz eine Prinzessin. Geoff war Sir Miles Stapleton. Er erschien auf der Bühne in einem Kettenhemd, welches Frauen aus Bedale selbst gefertigt hatten. Die Senior-Officers spielten die fünf Bürger. Nur Sir Ralph Lawson mimte den örtlichen Junker.

John Ors, ein lieber Freund von uns, hatte ebenfalls eine prominente Rolle.

Es war augenscheinlich, dass alle Männer gerne zur Probe gingen, denn es gab einen wunderbaren Pub in Bedale. Der scharfe Schwan oder öfter noch Die dreckige Ente genannt.

Die Proben zogen sich über Wochen hin, und den Frauen sagten die lieben Gatten, sie würden wirklich Stunden dauern. Doch ich bin mir sicher, unsere Männer verbrachten mehr Stunden in Der dreckigen Ente als auf den Brettern, die die Welt bedeuten …

Das Fest lief über drei Tage. Patricia Ors und ich gingen mit unseren Kindern Heather, Joanna und Suzanna am ersten Abend hin. Es wurde infolge unvorhergesehener Ereignisse ein großer Lacherfolg:

In der Anfangsszene waren die fünf Bürger in echte Arbeitskittel gekleidet.

Colonel Eric Shantullyl übernahm die Aufgabe, König Edward den Schlüssel zu überreichen.

Er kniete sich dabei leider in einen Kuhfladen.

Das war kein schöner Anblick, aber durchaus Grund zum Lachen.

Dann führte Geoff auf seinem Pferd die Truppen heran.

Man hatte für sie echte Soldaten ausgewählt.

Als die losmarschierten, musste Geoffs Pferd pinkeln und blieb stehen. So hatte man das nicht geprobt!

Seine Leute verfielen in totale Aufregung.

Sollten sie warten, bis das Pferd weiterschritt, oder sollten sie um es herumgehen?

Es wurde ein richtiges Durcheinander. Geoff saß nur völlig entgeistert herum.

Nie hatte es hier eine so gediegene Aufführung gegeben.

Die Männer waren richtig traurig, als das Fest vorbei war, und sie sich nicht mehr auf die feuchtfröhlichen Abende der Proben freuen konnten.

Sie träumten von der fleißigen Wirtsfrau am Zapfhahn. Ich hatte mehr den Wirt mit dem Bierbauch und den wenigen Haaren, die über seine Glatze gekämmt waren, vor Augen.

Durch ein Mitglied der Theatergruppe lernte ich Jennifer Whistler kennen. Ihr Vater war einer der Generäle in Catterick. Jennifer war einige Jahre jünger als ich, aber eine große Frau. In einer Theaterproduktion spielte sie meine Mutter, was uns viel Spaß bereitete. Ihre Schwester Penelope war die Dritte im Bunde.

In einem der nächsten Monate wurden die Frauen der führenden Männer des Departments und des Regiments zum »Soldiers, Sailors and Airmen's Families' Association«-Treffen geladen.

Die Regie führte die Frau des Generals. Wehe, eine Frau kam dem nicht nach, was sie als Frau eines Soldaten unter dem Kommando ihres Mannes zu tun hatte.

Ich musste mich um circa 60 Frauen kümmern.

Sie kamen aus verschiedensten Nationen.

Weil ich jeden Morgen ein bis zwei von ihnen besuchen wollte, schob ich Suzanna dauernd in ihrem Kinderwagen die Straße längs. Einige Frauen freuten sich, mich zu sehen, andere schienen über die Störung ihres Alltags eher verärgert.

Ich erinnere mich, dass mir bei einem Treffen geraten wurde: »Anne, du solltest die Malaiin Maya besuchen und ihr dringend raten, Vorkehrungen zur Empfängnisverhütung zu treffen. Sie hat wirklich schon genug Kinder, die sie um die Welt karren muss.« ...

In der Weihnachtszeit veranstaltete ich eine Tombola. Ich wollte genügend Geld zusammenbringen, um alle meine Schützlinge ans Meer nach Scarborough zu bringen, sollte das Wetter es erlauben. Ich war wütend, als ein reicher Landbesitzer den ersten Preis gewann und ihn nicht für den guten Zweck zurückgab.

Wir hatten nun schon über ein Jahr im Club gelebt. Ruth und Ajax hatten es uns so angenehm wie möglich gemacht. Wir hatten nicht nur ein Schlafzimmer für uns, ein Kinderzimmer für Suzanna, sondern sogar noch ein Wohnzimmer.

Doch als Suzanna anfing zu laufen, wurde uns klar, dass wir mit ihr nicht mehr im Club bleiben konnten.

Unsere Kleine sorgte nämlich für manche Überraschung. Einmal stapfte sie in das Schlafzimmer nebenan und zerwühlte die Papiere eines Offiziers, der zu Gast war.

Suzanna hielt mich nun ständig auf Trab. Es musste etwas geschehen. Also zogen wir in ein anderes Quartier, ein großes Haus, das an der Richmond Road lag.

Ruth war mir behilflich, eine Nanny zu finden. Sie war schon älter, von angloindischer Herkunft und mit besten Referenzen von ihren früheren Arbeitgebern in Indien. Wir nannten sie immer Nanny Symes.

Geoff waren zwei Burschen zugeteilt, dann kam noch Mrs. Wintzy täglich zum Putzen.

Die Aufgabe eines Burschen war es, für das Wohlergehen seines Herrn zu sorgen. Das umfasste eine Menge Aufgaben. Aber die Mehrheit dieser Kerle waren glücklich, bei uns irgendwie eine Art Haushaltshilfe zu sein.

Die Sommermonate waren herrlich. Das änderte sich, als die kalten Monate kamen.

In Catterick wurde es nun besonders kalt. Nanny Symes wollte den Kinderwagen nicht mehr täglich vor die Tür schieben.

Ich musste mich nach einer anderen Hilfe umsehen.

Eine Freundin, deren Mann gerade wegbeordert worden war, schlug vor, wir sollten ihr Kindermädchen, Rosa Hopper, übernehmen.

Nanny Symes lebte nun bei uns, allerdings hauptsächlich drinnen, während Rosa Hopper in der elterlichen Wohnung blieb und sonst draußen in der Kälte ihren Dienst tat.

Die Nacht, bevor uns Nanny Symes dann doch verlassen wollte, fand ich sie weinend in ihrem Zimmer.

Sie wollte nicht zurück zu ihrer Tochter, die mochte sie nämlich gar nicht. Zunächst wusste ich nicht, was ich tun sollte. Aber nachdem ich etwas nachgedacht und mit Geoff gesprochen hatte, schlug ich ihr vor, bei uns zu bleiben und bei den allgemeinen Haushaltsaufgaben zu helfen.

Rosa würde dann allein unser Kind übernehmen. Damit endete die Zeit, in der wir zwei Kindermädchen, zwei Burschen und eine Putzfrau hatten, die für uns drei sorgten. Die Zahl der Bediensteten änderte sich wegen meiner sozialen Ader allerdings nicht.

Die fünf saßen nun vormittags am Küchentisch, tranken Kaffee und aßen Kekse, und ich kaufte Dose um Dose größter Größe von Nescafé. Die reichten trotzdem für immer kürzere Zeit.

In unserem großen Haus hatte Suzanna ein Tageszimmer und einen Schlafraum. Rosa und sie verbrachten bei kaltem Wetter die Morgen meist im Tageszimmer.

Ich war im Salon, als eines Morgens an die Tür geklopft wurde. Es war Rosa, und sie erzählte mir aufgeregt und leichenblass, Suzanna habe aus ihrer Handtasche eine Pillenschachtel herausgenommen und einige der darin enthaltenen weißen Pillen verzehrt. Die Schachtel hielt sie zur Demonstration in der Hand. Sie hatte erst diesen Morgen eine neue mitgenommen. Es waren 24 Pillen darin gewesen. Jetzt zählten wir nur noch 20. Suzanna musste also vier gegessen haben. Zu meinem Entsetzen las ich *Dexadrin*, Suzanna hatte vier Aufputschtabletten geschluckt, die auch noch zur Gewichtsreduktion führen konnten!

Um die Truppen während des Krieges wach zu halten und ihren Appetit zu zügeln, gab man ihnen tagsüber nur eine Pille davon. Nun hatten wir ein Baby mit vier in seinem Inneren! Rosa waren sie verschrieben worden, weil sie Gewicht verlieren wollte …

Es gelang mir sofort, Geoff im Krankenhaus zu erreichen. Er erkannte den Ernst der Lage. Bald erschienen als Spezialist Frank Bagshaw und unser Hausarzt. Die beiden hielten miteinander Rücksprache und entschieden, es sei die beste Vorgehensweise, Suzanna Chloral einzuflößen. Sie waren sich allerdings nicht sicher, welche Dosis man einem Kleinkind dieses Alters geben solle, das den Magen voll Dexadrin hatte. Suzanna war mittlerweile sehr aktiv geworden und bewegte sich hektisch. Die beiden Mediziner verteilten die Gabe von Chloral vorsichtshalber über den ganzen Tag. Sie verabreichten auch warme Bäder, und Nanny Symes kuschelte sich an sie. Wenn ich mich richtig erinnere, trat der erste Erfolg gegen 10:00 Uhr abends ein: Suzanna zeigte Anzeichen von Schläfrigkeit und ließ sich in ihr Bettchen legen. Frank Bagshaw befahl mir, die ganze Nacht bei ihr zu sitzen, da sie wegen der Dosis Chloral ersticken könne. Ich betete inbrünstig, Suzanna möge wieder normal aufwachen. Das tat sie Gott sei Dank auch, aber sie blieb seitdem immer sehr aktiv …

Kurz nach diesem Unfall nahmen wir für kurz Abschied und schipperten zur Isle of Wight, um Pa, Geoffreys Vater, zu besuchen. Er praktizierte immer noch. Er hatte sein Sprechzimmer im Haus, und unsere kleine Suzanna fand auch auf seinem Schreibtisch eine Tablette. Wir hatten maßloses Glück. Sie steckte die zwar in den Mund, holte sie aber wieder heraus und schluckte sie nicht runter. Das Kind war eben lernfähig. Es handelte sich um Soneryl, eine Schlaftablette.

Während dieses Urlaubs offenbarte uns Pa, dass er das Haus verkaufen wolle. Er hatte für sich stattdessen eine Wohnung über der neuen Praxis seines Partners eingeplant. Er selbst wollte nun in den Ruhestand treten.

Schon kurz danach bewies sich diese Entscheidung als eine gute. Pa saß auf dem Sofa im Ankleidezimmer und schnürte seine Schuhsenkel. Plötzlich fiel mit einem schrecklichen Getöse ein großer Teil der Decke herab. Pa war völlig mit Gips bedeckt. Er nahm es gelassen, blickte auf das klaffende Loch, schnürte seine Schnürsenkel zu Ende und verschwendete auf den Vorfall kein Wort. Wir waren uns jedenfalls sicher, in der neuen Wohnung würde er weniger gefährlich leben.

Zurück in Catterick tauchten wir wieder ins pralle Leben ein. Bei so vielen Menschen, die im Camp lebten und unsere Freunde waren, reihten sich Einladungen zu Kaffee, Mittagessen, Cocktails und Abendessen endlos aneinander. Wir machten privat mit, aber auch im Namen des R.A.M.C., des Royal Army Medical Corps.

Wir bekamen zum Beispiel eine Einladung, als die 14./20. Husaren eine neue Fahne bekamen.

Zu den Truppen, hieß es! Hätte ich gewusst, dass die Zeremonie sich über vier Stunden hinziehen würde, hätte ich bestimmt einen Grund gefunden, nicht hinzugehen.

Es folgten die Parade zu des Königs Geburtstag, der Farmers Ball, der Sattel-Club Ball, die Corps Woche, die Catterick Messe (eine Messe, die ausschließlich von der Armee veranstaltet wurde), die Vielseitigkeitsshows, die von den Truppen veranstaltet wurden, die Bandkonzerte der 17./21., Lanzenspiele, Grillfeste und Fußballspiele usw. usw. …

Abgesehen davon, dass ich den Kinderwagen schob, spielte ich fast täglich mit Jennifer Whistler Squash und nachmittags Tennis, wenn das Wetter es zuließ!

Geoff jagte regelmäßig mit Henry Fellow aus Bedale. Der wurde sein Lehrmeister. Dessen Frau Angie gab Tanzstunden im Club, an denen Suzanna teilnahm, als sie knapp zwei Jahre alt war.

Wir waren sehr traurig, als unsere guten Freunde John und Patricia Ors uns verlassen mussten.

John wurde nach Kenia versetzt, um ein Bataillon der Kings African Rifles zu kommandieren.

Die Rifles waren ein 1902 aufgestelltes Infanterieregiment, um die bestehenden Kolonialtruppen zu zentralisieren und Synergie-Effekte bei der Versorgung und Ausbildung zu erreichen.

Patricia und die Kinder Heather und Joanna konnten nicht direkt mitgehen. Sie mussten ein paar Monate warten, bevor sie John folgen durften. Da wir dieses sehr große Haus hatten, schlugen wir Patricia vor, ihr Quartier aufzugeben und für die Übergangszeit zu uns zu ziehen.

Diesem Vorschlag folgte sie außerordentlich gerne, denn sie hasste es, mit den Kindern allein zu sein. Sie brachte auch ihren Corgi Bella mit. Auf ihn hätte ich gut verzichten können, er kläffte die ganze Zeit. Ansonsten lebten wir aber sehr friedlich zusammen.

Es war mit viel Abschiedsschmerz verbunden, als Patricia John schließlich doch nach Nanyuki folgte. Wir waren allerdings grün vor Neid, denn Kenia war ein wunderbarer Platz zum Leben. Bei uns war es so kalt, und wir sehnten uns sehr nach einem wärmeren Klima ...

Die Neujahrsparty im Club zur Begrüßung des Jahres 1952 war großartig. Ich habe noch nie so viele Austern gegessen und so viel Champagner getrunken, wie an diesem Abend in der Champagne-Oyster Bar.

Unsere Mitstreiter waren die Mitfords, Ralph und Pommy Lawson und Tony und Cara Bonne. Wir ahnten nicht, dass es unser letztes Neujahr in Catterick sein würde.

Im Februar wurde Geoff mitgeteilt, dass er nach Kenia versetzt worden sei. Nach einem kurzen Urlaub reisten wir im März ab.

Wir beschlossen, Rosa mitzunehmen, da wir nicht sicher waren, was für ein Kindermädchen wir in Ostafrika finden könnten. Wir waren zwar nicht ganz zufrieden mit ihr, aber Suzanna war an sie gewöhnt. Diese Entscheidung erwies sich als Fehler.

Nachdem wir uns von Pa und meinen Eltern verabschiedet hatten, fuhren wir nach London und verbrachten unsere letzte Nacht mit Cocker und Blue und Judith Braw in der Cheyne Road.

Kenia 1952–1955

Auf nach Kenia!

Wir sollten vom Flughafen Blackbush aus mit der R.A.F. fliegen. Rosa wartete dort mit ihrem Vater auf uns, der hatte sie hingebracht.

Unser Flug hatte wegen Nebel Verspätung.

Aber dann starteten wir zu unserem ersten Zwischenstopp Nizza. Von dort ging es weiter nach Malta, wo wir die Nacht im R.A.F. Transit Camp verbrachten.

Wir standen mit den Hühnern auf und machten uns auf den Weg in die libysche Wüste, wo wir neben einem Depot für Flugbenzin landeten.

Es war heiß, aber nicht so heiß wie im Wadi Halfa im Sudan, unserer nächsten Station.

Wir kamen schließlich am frühen Abend in Khartum an und freuten uns auf ein richtiges Bett.

Paul Longden, ein großartiger Freund, der während des Krieges einer von Geoffs Offizieren und Suzannas zweiter Patenonkel gewesen war, kam zum Frühstück.

Er war in Khartum stationiert.

Es blieb nicht viel Zeit für Gespräche. Wir mussten schnell weiter nach Juba.

Am frühen Abend erreichten wir dann Nairobi.

In den ersten Tagen übernachteten wir im Cedars Hotel, machten uns aber bald auf den Weg nach Ngong zum Westwood Park Hotel. Das wurde für die nächsten acht Monate unser Zuhause.

Die Anlage war voll mit Armeefamilien, die schon länger darauf warteten, in Wohnungen zu ziehen. Es gab nämlich nur wenige und weit voneinander entfernte Wohnmöglichkeiten.

Wir trafen auch auf ein paar Zivilisten.

Darunter war ein pensionierter Oberst namens Foster, der jedoch nichts mit der Familie von Geoff zu tun hatte.

Endlich war es mit Wohnungen so weit.

Jede Familie bekam einen eigenen Bungalow. Daneben gab es eine Gemeinschaftslounge, einen großen Essraum und eine Bar. Diese Einrichtungen gehörten einer Familie Hahn. Sie war aus Deutschland.

Wir lebten morgens, mittags, abends immer nur mit Army-Leuten zusammen. Um ihnen gelegentlich zu entkommen und weil wir beide gerne fischten, zog es uns oft in die staatlichen Angelcamps. Sie waren in der Nähe der Hauptflüsse angelegt und recht preiswert. Wir verbrachten dort so manches Wochenende. Meist kehrten wir erst sonntagabends nach Hause zurück.

Die Flüsse waren sehr fischreich. Wir machten jedes Mal für mindestens ein bis zwei Mahlzeiten Beute. Eine Fliege namens *der Kutscher* garantierte den besten Biss. Das hatten wir schnell heraus.

In den nächsten Monaten trafen wir viele alte Freunde, die mit Geoff zusammen gedient hatten. Peter und Mo Balmer gehörten dazu. Mit ihnen hatten wir in der Nacht von Suzannas Geburt ein Nachtessen in Lagos. Peter hatte Urlaub und verbrachte den in seinem Heimatland Kenia. Mo, die inzwischen amerikanische Konsulin in Nigeria war, sah sich Suzanna lange an, dann sagte sie zu ihr: »Ich habe dich beinahe auf die Welt geholt, kleines Fräulein.«

Wir sahen auch noch die Sykes und die Thompsons, die von der Goldküste kamen. Ulla Syke war ebenfalls Kenianerin. Ihr Mann war Schulleiter und hatte immer die gleichen Sätze parat, wenn er in der Klasse vor die Kinder trat: »Steht auf, steht auf für Jesus!« Dann folgte: »Setzt euch um Christi willen.«

Wir trafen Pat Hill wieder, der Brigadier in Accra gewesen war. Er arbeitete jetzt als Buchmacher und bemühte sich sehr, uns in die »Rennwelt« einzuführen.

Wir bekamen durch ihn unter anderem mit Phil und Maurice Pain Kontakt. Sie besaßen ein Rennpferd mit dem Namen Katapult, das ausnahmslos seine Rennen gewann. Sie wohnten bei uns, wenn sie für Rennen nach Nairobi kamen, lebten allerdings in Nakuru.

Es gab auch einen Armeemajor, der ein Rennpferd besaß. Auch er war zeitweise unser Gast. Ich werde nie einen Freitagabend vergessen, an dem er und seine Frau bei uns zum Abendessen waren. Freddie wandte sich an seine Frau und fragte: »Was sollen wir morgen machen, einen Sieg einfahren oder den Gaul einfach den Parcours runterlaufen lassen?«

Wie wenig wusste ich von der Rennwelt!

Aber ich habe die Rennen geliebt und besonders das Wetten. Ich bemerkte einmal, dass ein kleiner Mann immer aus dem Wiegeraum der Jockeys kam und auf den Wettschalter zu steuerte, wenn der kurz vor dem Schließen war. Ich wartete dort auf ihn, bemühte mich, hinter ihm zu stehen und die Zahlen zu hören, die er setzte. Dann setzte ich dasselbe. Das zahlte sich meistens aus …

Einmal traf ich dort auf Guy, in Gesellschaft der schönsten Frau, der berüchtigten Diana Colville.

Sie war als Diana Delves Broughton bekannt geworden und hatte in den Tagen des »Happy Valley« eine Affäre mit Lord Erroll. Der wurde später in der Dagoretti-Ecke, im westlichen Teil von Nairobi, in seinem Auto ermordet aufgefunden. Dianas Ehemann Jock wurde des Mordes beschuldigt, aber schließlich doch freigesprochen. Später ließ sich das schillernde Paar scheiden.

Jahre später beging Jock im Adelphi Hotel in Liverpool Selbstmord. Es war der Skandal der Society, und Kenia sprach lange darüber, als hätte er sich gestern ereignet.

Wir zeigten ein gewisses Interesse an den Delves Broughtons, weil Geoffreys Cousin George, der in Neuseeland lebte, eine Enid Delves geheiratet hatte. Sie war in irgendeiner Weise mit Jock verwandt.

Später wurden auch die Colvilles geschieden, und Diana heiratete Lord Delamere.

Bald darauf lernten wir, ebenfalls über Pat Hill, Oberst Grogan kennen. Er war ein interessanter Mann und ein eingefleischter Kenianer. Eine seiner Heldentaten war es, vom Kap nach Kairo zu wandern. Wir aßen alle zusammen im Restaurant Torrs zu Mittag und hatten viel Spaß.

Ich habe in dieser Zeit Squash für den Nairobi Club gespielt, und als die Kenia-Meisterschaften begannen, die im Muthaiga Club stattfanden, trafen sich alle Teilnehmer am Abend für die Auslosung. Mein Name wurde für die erste Runde gegen Fran Hook gezogen. Sie war derzeitige Kenia-Meisterin. Nachdem sie in die Armee hineinheiratete, wurde sie sogar englische Meisterin.

Ich mochte Fran. Sie war ein großes, strammes Mädchen.

»Na gut«, begann sie, »ich werde das Spiel gewinnen. Meine Bälle werden über deinen Kopf segeln und in der Ecke punkten.« Und genau das ist passiert, 9-0, 9-0 endete das Match! ...

Gilbert Collins befehligte ein Bataillon und war mit seiner Frau Betty ebenfalls schon mit uns zusammen in Nigeria gewesen.

Später kamen Tim und Jean Braithwaite, die unsere ersten Freunde an der Goldküste waren.

Phil und Brenda Rogers, Lagos B.A.T., und natürlich John und Patricia, die im Hinterland in Nanyuki lebten, vervollständigten unseren Freundeskreis.

Nun waren unsere Tage wieder ausgefüllt.

Zu zwei Veranstaltungen wurden wir ins General Head Quarter eingeladen. Professor Leakey hielt einen aktuellen Vortrag. Er warnte, dass es zu einem Aufstand der Eingeborenen kommen würde. Besonders die Kikuyu hielt er für äußerst aufrührerisch. Mitglieder dieses Stammes wurden gerne für Hausarbeiten benutzt. Sie wurden von uns als Hausjungen, Köche und Putzhilfen angestellt.

Professor Leakey machte den weißen Mann für ihr schlechtes Verhalten verantwortlich. Dort hatten sie es sich abgeguckt. Das führte nun zu ihren Revolten. Außerdem beschuldigten sie die Weißen, ihr Land gestohlen zu haben.

Wir waren auch im Government House, als Sir Evelyn Baring als neuer Gouverneur vereidigt wurde. Er schien ein starker Charakter zu sein. Das ist bestimmt hilfreich, wenn es wirklich zu Aufständen kommt, dachte ich mir.

Während unserer Zeit im Westwood Park erhielt Geoff ein Telegramm mit der Nachricht, dass Pa gestorben sei.

Wir waren sehr traurig. Geoff beschloss, nach England zu fliegen, um die Angelegenheiten seines Vaters zu regeln.

Doch dann traf mich fast der Schlag:

Ich wartete gerade darauf, dass Geoff von einer Inspektion im Landesinneren zurückkehrte. Da wurde in Nairobi gegen 18 Uhr eine schlimme Nachricht ausgestrahlt.

Schnell übernahmen sie auch die lokalen Sender.

Der Nachrichtensprecher sagte in tragendem Ton:

»Wir bedauern, den Tod von Colonel Foster bekannt geben zu müssen. Er ist bei einer Autofahrt zusammengebrochen und verstarb. Er hatte im Westwood Park Hotel Ngong gewohnt.«

Ich war im Schockzustand, aber blieb es nicht lange, denn Geoff kam plötzlich zur Tür herein. Es war ein anderer Colonel Foster gewesen! …

Die Falschmeldung führte zu allerlei Verwirrungen.

Ich bekam viele Beileidsschreiben. Als Geoff in die Geschäftsstelle der B.O.A.C. fuhr, um sein Ticket für England zu holen, sah Elkia, der Büroleiter, Geoff an, als stünde ein Geist vor ihm. »Aber du bist doch tot«, sagte er!

Ich musste mich viel selbst beschäftigen. Ich gehörte dem Sattel-Club an und bin viel geritten. Mit meiner Freundin Sybil organisierte ich eine Schnitzeljagd. Sie wurde ein großer Erfolg.

Ich trat auch dem Theater-Club bei und habe ihn viel genutzt. Die Donovan Mauls produzierten zahlreiche Stücke, und wir besuchten jede der Vorstellungen. Schließlich wurde ich Präsidentin der S.S.A.FA mit Lady C. als Vorsitzerin. Wir bauten eine schlagkräftige Truppe auf. Es gab zwei bezahlte S.S.A.FA-Krankenschwestern, sie gehörten zu meinem Ausschuss. Die Majors Weatherall und Minchall-Fonds wurden in ihn als Armeevertreter berufen. Jean Braithwaite nahm den Posten der Sekretärin wahr. Zusammen haben wir einen sehr erfolgreichen S.S.A.FA-Ball organisiert.

Geoff und ich befanden, Kenia gefiel uns so gut, dass wir uns am Ende von Geoffs Dienstzeit dort niederlassen wollten.

Wir begannen nach einer geeigneten Immobilie zu suchen.

Schließlich entschieden wir uns für Brookvale Farm an der Mbagathi Road, sieben Meilen außerhalb von Nairobi. Das war genau, was wir wollten. Es war ein Bauernhaus, das 10 ½ Morgen Land umgab und ein eigenes Wasserloch hatte, was von großem Vorteil war.

Für uns als Pferdenarren, gab es auch noch vier aus Stein gebaute Ställe.

Gerade als wir im Oktober dort einziehen wollten, wurde der Ausnahmezustand ausgerufen. Der Mau-Mau-Aufstand hatte begonnen. Sein Ziel war es, die Vorherrschaft der Weißen in Kenia zu brechen ...

Kenyatta, der Anführer, wurde bald zusammen mit vielen seiner Anhänger verhaftet. Aber die terroristischen Banden wüteten bestialisch weiter. Für die grässliche Tötung von Menschen und Tieren kann ich keine Worte finden.

Zwei Jahre lebten wir unter der Geißel der Mau-Mau.

Folgende Morde werden mir immer im Gedächtnis bleiben:

– Direkt nach seinem Mau-Mau-Eid entdeckte ein Terrorist als ersten Weißen einen kleinen Jungen aus einer Royal Air Force-Familie, der auf seinem Dreirad Kreise drehte. Der Mörder enthauptete ihn auf der Stelle.
– Ein Cousin von Professor Leakey, gleichen Namens, wurde im Aberdare Forest bis zum Hals eingegraben und den Geiern und wilden Tieren zum Fraß überlassen.

Seine Frau Mary zerhackte man auf dem Rasen ihres Gartens in Stücke.
Jahre später, auf Teneriffa, wurde Muriel Leakey, ihre Schwiegertochter, eine meiner besten Freundinnen ...

Die Armee brachte uns Frauen bei, mit Waffen umzugehen. Jeden Samstag nahmen wir an unterschiedlichsten Kursen teil. Die meisten meiner Freundinnen hatten kleine blitzende Revolver, die sie in die Handtasche stecken konnten.

Aber Geoff erklärte mir, dass es im Ernstfall notwendig sei, wirklich einen Todesschuss abzugeben.

Er meinte, dass diese Winzlinge dabei nichts nützen würden und bestand darauf, dass ich die schwere Armee 303 mit mir trug.

Es war mir peinlich, das hässliche Holster zur Schau zu stellen. Dann hatte ich eine geniale Idee. Ich wollte die Waffe an einer Kordel um den Hals unter meinen Baumwollkleidern tragen. Die Taschen schnitt ich auf, um mit der Hand an den Revolver zu kommen, der zwischen meinen Beinen hing.

Ich wollte ihn packen können, um durch den Rock zu schließen! Diese Idee bewährte sich nicht. Die Kordel riss, und der Revolver fiel auf meinen Fuß. Das war sehr schmerzhaft. Schlussendlich musste ich wieder das Holster nehmen ...

Mit dem Haus hatten wir zwei Jungen für die Feldarbeit geerbt. Andrea kam hinzu, er half im Haushalt und beim Kochen. Chapkoyne wurde unser zweiter Boy. Wir übernahmen ihn von Gilbert Collins, den die Armee abzog. Später kamen noch weitere Jungen für die Feldarbeit hinzu: Ndata, Nandi, Myena usw. ...

Sie lebten in den Ställen. Chenga war der Beste von ihnen. Er war ein begnadeter Gärtner und hatte einen richtigen grünen Daumen. Ihm kam natürlich zugute, dass wir ein eigenes Wasserloch hatten, und er insoweit aus dem Vollen schöpfen konnte. Er erntete 400 Pfund Tomaten aus einer Packung von sechs Pfund Samen, die Geoff von Woolworths aus Großbritannien mitgebracht hatte.

Geoff hatte dafür nur sechs Pence bezahlte.

Als ersten Hund hatten wir Rip, einen 2-jährigen Elsässer Schäferhund, den wir von einem in die Heimat zurückkehrenden Soldatenpaar übernahmen.

Ich war ein wenig besorgt, wie er und Suzanna miteinander auskommen würden. Doch dann sagte Geoff eines Morgens: »Komm und sieh! Suzanna spielt mit Rip auf dem Rasen.«

Die Sorgen waren verflogen. Doch Rip mochte nur Leute, die er gut kannte. Auf einer Party, die wir gaben, knurrte er einen fremden Mann an, als der aufstehen wollte. Er setzte sich vorsichtshalber sofort wieder hin.

Als Ehefrau des A.D.M.S. wurde ich ausgewählt, die Preise auf dem R.A.M.C.-Fest zu überreichen.

Unter den Preisen, die verteilt werden sollten, befand sich ein Ferkel, das nicht älter als zwei oder drei Wochen war. Es war für den Gewinner des »Greasy Pole Event« bestimmt.

Bei diesem Wettbewerb musste man am schnellsten einen mit Fett überzogenen, aufrecht stehenden Stab hinaufklettern und seine Spitze berühren.

Bis zum späten Nachmittag gelang dieses Kunststück niemanden. Dann tat sich ein Trio zusammen, zwei Korporäle und ein leichtgewichtiger Patient. Sie wollten gemeinsam diese schwierige Aufgabe angehen.

Sie kletterten sich gegenseitig auf die Schultern. Der Patient kam natürlich ganz nach oben. Für ihn war die Spitze der Stange nicht mehr allzu weit entfernt.

Es gelang ihm, sie kurz zu berühren.

Als sich das siegreiche Trio für die Siegerehrung bereitstellte, sahen sie das Ferkel, ihren Preis, zum ersten Mal.

»Mensch, was machen wir denn damit?«, fragten sie sich.

So einen Preis hatten sie sich wirklich nicht gewünscht.

Er enttäuschte sie offensichtlich sehr.

Ich bot ihnen spontan an, das Ferkel für zwei Pound zu kaufen. Biergeld war bei Weitem wertvoller für sie, dachte ich mir. Wir wurden handelseinig, und ich ging mit einem Ferkel nach Hause zurück. Dort fragten wir uns allerdings, wo wir das Tierchen hintun sollten.

Drei der Ställe, die wir besaßen, waren von unseren Jungs besetzt. Die lebten dort sehr bequem, denn die Ställe waren gut gebaut und belüftet. Der vierte und letzte Stall gehörte unserem Pony, das wir für Suzanna gekauft hatten.

Suzanna war mittlerweile schon drei Jahre alt.

Uns fiel keine andere Möglichkeit ein, als Pony und Ferkel zusammenzusperren, zumindest für die Nacht.

Am nächsten Morgen standen wir früh auf und eilten zu den Ställen, um zu sehen, wie die beiden überlebt hatten.

Beide strahlten Gelassenheit aus. Nutty schien die Anwesenheit des kleinen kahlen rosa Wesens sogar zu genießen. Es wälzte sich um seine Füße ...

Von den zehn Acres hatten wir vier als Rasenfläche, Rosen- und sonstige Blumenbeete angelegt. Auch Gemüse und Zitrusfrüchte wuchsen dort. Der Rest war nur mit Buschwerk bewachsen. Dort ließen wir Nutty morgens grasen. Als wir die Stalltüre öffneten, kam mit Nutty auch das Ferkelchen heraus. Rip, der Schäferhund, und Suky, der Dackel, kamen zur gleichen Zeit aus dem Haus gerannt, und alle vier gingen »auf Busch«.

Die Hunde hörten auf die Pfeife. Nach etwa einer Stunde pfiff ich nach ihnen. Sie erschienen auf dem Rasen und sprangen auf mich zu. Es waren jedoch nicht nur Rip und Suky. Das Ferkel folgte ihnen im Galoppschritt. Bevor ich das Rüsseltier aufhalten konnte, war es den Hunden ins Haus gefolgt.

Die Lounge in der Brookvale Farm war ein entzückend großer Raum mit Parkettboden und einem großen roten Kamin aus Ziegelsteinen, den italienische Kriegsgefangene im Arbeitsdienst gefertigt hatten. Es waren wohl mehrere von ihnen dort einquartiert gewesen. Vor dem Kamin befand sich ein Teppich, den die Hunde als »ihren« betrachteten, und auf den sie sich nach ihrem anstrengenden, morgendlichen Toben hechelnd warfen.

Das Schweinchen warf einen Blick auf die gemütliche Einrichtung und entschied, dass es auf dem Teppich auch Platz für sich haben mochte. Es schloss sich den beiden Hunden an und kuschelte seinen winzigen rosa Körper zwischen den großen schwarz-weißen Elsässer und den schokoladefarbenen Minidackel.

Es wurde für die drei Gesellen am Vormittag zur Routine, so gemütlich zu dritt zu dösen.

Für die Nacht kehrte das Ferkel allerdings immer wieder mit Nutty in den Stall zurück. Wie sollte nun das kleine Lebewesen heißen?

Geoff stellte eine gewisse Ähnlichkeit zwischen ihm und der Frau des Generals fest. Er mochte sie nicht, weil sie sich immer in medizinische Angelegenheiten einmischte. So wurde unserem neuen Familienmitglied der Name Loveday verliehen.

Und Loveday wuchs schnell und hatte mächtig Appetit! Sie wurde mit Maismehl gefüttert, dem Grundnahrungsmittel der Eingeborenen. Doch sie fraß auch alles andere, in das sie ihren Rüssel stecken konnte.

Es dauerte nicht lange, bis Loveday sich von einem entzückenden kleinen Schweinchen in eine gewaltige dicke Sau verwandelt hatte. Drei Männer und ein Junge konnten sie nicht heben. Auch wenn wir keine Waage für sie hatten, schätze ich, dass sie um die 250 Pfund wog, als sie acht Monate alt war. Sie hielt immer noch an ihrer Morgen- und Abendroutine fest. Doch wenn sie auf dem Teppich lag, hatten Rip und Suky kaum noch Platz. Die Leute, die uns zum ersten Mal besuchten, waren höchst erstaunt, wenn sie das Trio in der Lounge liegen sahen.

Loveday trug im Haus immer ein Kopftuch. Zweimal war ich so böse auf sie, dass ich ihr androhte, sie in die Schinkenfabrik im Hochland transportieren zu lassen. Es war normal, dass sie in ihrer Gier immer die Küchentür aufstieß und den Brotkasten auf Essbares untersuchte. Damals bekam sie jedoch mein blassmalvenfarbenes, handgefertigtes Chiffon-Nachthemd in den Rüssel und fraß es auf. Ich hatte es sogar immer selbst gewaschen, weil ich dem Hausmädchen nicht traute. Hätte Loveday alles aufgefressen, wäre ich glücklicher gewesen.

Ich hätte mir gar nicht vorstellen können, was mit meinem Lieblingsnachthemd wirklich passiert war. Aber sie hat das Überhemdchen übrig gelassen, das über dem Negligé getragen wurde. Vermutlich fand sie die Stickseide daran zu hart und unverdaulich!

Ein aufgefressener Mohnblumenstrauß, den ich zum Trocknen vor die Tür gelegt hatte, wurde zum weiteren Stein des Anstoßes ...

Eines Abends gaben wir eine ziemlich große Dinnerparty zu Ehren von Miss de Mer, der Leiterin des Roten Kreuzes. Als diese bezaubernde Dame mit unseren anderen Gästen ankam, sagte sie: »Ich höre, Sie haben ein zahmes Schwein. Darf ich es sehen?«

Loveday war bereits mit Nutty ins Bett gegangen, aber wir beschlossen, dass sie für ein paar Minuten hereinkommen und sich zeigen durfte. Wir holten sie also noch einmal. Das riesige Tier watschelte in die Lounge. Es war sich der Aufmerksamkeit bewusst. Rip, der bereit war, Loveday tagsüber zu ertragen, genoss es, nachts den größten Teil des Teppichs für sich zu haben. Nun war er sichtlich verstört, als sie zu dieser späten Stunde ankam, um sich direkt nach ihrem Auftritt zu ihm zu begeben und, wie selbstverständlich, neben ihn zu legen.

Er knurrte als Warnung. Als dies wirkungslos blieb, beschloss er, stärkere Maßnahmen zu ergreifen und schnappte nach ihrem Ohr. Loveday ärgerte sich über die Unfreundlichkeit ihrer Spielkameradin und stürmte quietschend aus dem Raum. Doch sie wandte sich nicht zur Außentür, sondern zu einem Flur, der zu den Schlafzimmern führte.

Wir nahmen keine Notiz davon, und später erschien sie wieder, als wollte sie Gute Nacht sagen. Chapkoyne wurde gerufen, um sie in den Stall zu bringen.

Ungefähr zwei Stunden später, Andrea war gerade mit dem Servieren des Kaffees fertig, wurde es Zeit für uns Mädchen, die Männer ihren Zigarren und ihrem Brandy zu überlassen. Also nickte ich den sechs anwesenden Frauen zu, und wir machten uns auf den Weg in mein Schlafzimmer, um unsere Nasen zu pudern.

Ich schaltete das Licht ein und sah zu meinem großen Entsetzen mitten im Raum einen riesigen Scheißhaufen. Rip hatte mit seinem zarten Biss wohl nicht nur Lovedays Stolz verletzt, sondern auch diesen Racheakt heraufbeschworen. So etwas hatte Loveday noch niemals im Haus gemacht. Ich fühlte mich blamiert, denn ich hatte noch am frühen Abend betont, was für ein wirklich sauberes Schwein sie war. Was da nun auf dem Boden lag, ließ unsere Gäste an meinen Worten zweifeln.

Ärzte haben immer einen Blick für die Anatomie.

Eines Sonntags, nachdem mehrere von ihnen mit uns zu Mittag gegessen hatten und wir unter den Bäumen auf dem Rasen Kaffee tranken, watschelte Loveday herbei und warf sich neben uns ins Gras.

Robin Smart, Geoffs Stellvertreter und Hygienespezialist, kannte sie gut. Er klopfte freundlich auf sie ein, aber nachdem er sie genauer betrachtet hatte, sagte er zu mir: »Bist du sicher, dass sie eine Sau ist, Anne?«

»Natürlich ist sie eine Sau«, antwortete ich.

»Jaja«, murmelte Robin. »Schau einmal genau hin. Sie hat da etwas, was sie dann nicht haben sollte.«

Ich gab mich empört und meinte, wir hätten wohl bei Tisch etwas zu viel getrunken. Mir gelang es damit, dieses Thema zu beenden.

Später, als Geoff von Kenia versetzt wurde, mussten wir das Haus vermieten. Wir hatten außerdem beschlossen, es auch nicht als Ruhesitz zu nutzen, solange die Mau-Mau Krise andauerte.

Wir hatten auch kein Problem damit, für unsere Hunde neue Herrchen zu bekommen. Sie waren gute Wachhunde.

Auch Nutty fand sofort ein neues Zuhause.

Aber da war noch Loveday. Ich konnte den Gedanken nicht ertragen, dass sie in der Schinkenfabrik enden würde.

Auch der gute Preis, den wir bei ihrem Gewicht erzielen würden, erschien mir kein Anreiz.

Stattdessen trat ein Bild vor meine Augen: Loveday als Mutterschwein mit vielen kleinen Ferkeln um sich!

Wir beschlossen, sie für Zuchtzwecke fast umsonst abzugeben.

Der »Busch-Telegraf« zeigte mal wieder, wofür er gut war. Geoff erhielt einen Anruf von einer Frau, die im Oberland eine Farm aufbauen wollte.

Ihr Manager würde diese Woche in Nairobi sein und wegen Loveday gerne bei uns vorbeischauen.

Es ging schnell. Er gab uns für unsere Sau sechs Pound und verfrachtete sie mit Hilfe unserer drei Shamba-Jungs in den hinteren Teil seines Pick-ups.

Mit Tränen in den Augen sah ich, wie er die Auffahrt hinunter verschwand. Aber es stimmte mich froh, an Lovedays Leben als Zuchtschwein zu denken …

Die Freude hielt nicht lange an. Am nächsten Morgen erhielten wir einen Anruf von der Landwirtin.

»Sie wussten offensichtlich nicht, dass ihr Schwein ein Zwitter ist?«

Mir lief ein Schauder den Rücken herunter. Für mich war sofort klar, dass Loveday nun doch in der Schinkenfabrik enden würde. Die Rancherin würde bestimmt kein Geld an ihr verlieren wollen. Aber das mussten wir verstehen, so schwer es mir fiel …

Gegenüber von unserem Haus stand eine große Scheune.

Wir planten, sie als Gästehaus umzubauen. Die meisten größeren Häuser hielten eines vor, denn es gab immer wieder Besucher, die für einige Zeit blieben.

Wir hatten allerdings mit dem Haus mehr vor. Wir wollten es dauerhaft vermieten.

Mit Colin und Peggy Hillman, einem kinderlosen Paar, fanden wir, als es fertig war, geeignete Mieter. Er war ein Oberst im Royal Army Service Corps, und Peggy war ein richtiger Schatz.

Es war ein Gewinn, sie um uns zu haben. Wir fühlten uns viel sicherer und wagten wieder mehr.

Wir hatten vor ihrer Ankunft Rosa und Suzanna wegen der Mau-Mau nie mehr allein im Haus gelassen. Diese Mörder waren für uns eine ständige Bedrohung. Wenn wir ausgingen, hatten wir unser Kind und Rosa stets mitgenommen.

Unsere Freunde verhielten sich ebenso.

Wenn sie zum Essen kamen, brachten sie ihre Kinder mit.

Sie wurden bei uns ins Bett gelegt und blieben in unserer Nähe, bis die Party vorbei war.

Es bestand kein Zweifel, die Mau-Mau hatte unseren Lebensstil völlig verändert. Wir waren ständig auf der Hut und hatten Angst, überfallen zu werden.

Zwei Erwachsene mehr in der Nähe, brachten ein gutes Gefühl. Wir wichen nun manchmal wieder von den lästigen Sicherheitsmaßnahmen ab.

Aber es gab auch schon vor Beginn des Aufstands kritische Situationen, die sein Herannahen ankündigten.

Als wir einmal in einem Gebiet angelten, das als Kikuyu-Land galt, blieb der Auspuff unseres Wagens, als wir wieder nach Hause fahren wollten und zurücksetzten, in der Uferböschung stecken. Geoff hatte nicht aufgepasst. Wir konnten das Auto nicht mehr bewegen. In kürzester Zeit kamen etwa ein Dutzend Menschen aus einem nahe gelegenen Dorf. Wir freuten uns darüber, denn wir versprachen uns Hilfe beim Anschieben. Sie lehnten unsere Bitte jedoch feindselig ab. Selbst mit Geld ließen sie sich nicht locken. Diese Haltung und böse Bemerkungen machten uns Sorgen. Wir warteten längere Zeit im Wagen, bis ein anderes Fahrzeug die Straße heraufkam. Es war voll mit R.A.F.-Mitarbeitern, die uns in kürzester Zeit wieder startklar machten. Ich konnte nicht schnell genug von dem unseligen Ort fortkommen!

Immer wieder kamen uns Schauergeschichten zu Ohren. So riet man uns, unsere Diener außerhalb ihrer Dienstzeit nicht mehr ins Haus zu lassen. Margaret Anderson und Kitty Hesserburger, zwei Farmersfrauen aus der weiteren Umgebung, hatten nach Einbruch der Dunkelheit einen ihrer Jungen auf sein Klopfen eingelassen. Eine ganze Mau-Mau-Bande kam hinter ihm her gestürmt. Die beiden Frauen waren, Gott sei Dank, gewappnet. Sie hatten ihre Gewehre bei der Hand. Bevor die Kerle sie töten konnten, erschossen sie die ganze Bande. Leider wurde ihr schöner Boxerhund während der Schießerei tödlich getroffen.

Es gab auch Weiße, die sich den Mau-Mau-Aufstand zunutze machten. Die Anwaltskanzlei Fenner Brockway & Dingle Foot verteidigten auch

Mau-Mau-Terroristen. In einem Plädoyer bezeichneten sie Margaret Anderson und Kitty Hesserburger als »Ginsodden«, Ginsäufer.

Für uns, die wir schnell in einer ähnlichen Situation wie die beiden kommen konnten, waren sie bewundernswert und echte Vorbilder.

Als eines Abends nach Einbruch der Dunkelheit Andrea und Ndata, zwei unserer Shamba-Jungen, an die Terrassentür klopften, machten wir uns Gedanken, was wir nun tun sollten.

Geoff, der seine Waffe immer für Notfälle parat hatte, ging schließlich zur Tür, und ich gab ihm mit meiner Waffe Feuerschutz.

Die Jungen riefen durch das Fenster, dass ein Swara, eine Bockart, die Pflanzen im Garten anknabbern würde. Sie erbaten eine Fackel, um ihn zu blenden. Wir glaubten ihnen vertrauen zu können. Schließlich waren sie keine Kikuyus.

Geoff gab ihnen die Fackel.

Als Andrea und Ndata zurückkamen, schleppten sie den Bock hinter sich her. Er war genau in zwei Hälften geteilt. Sie boten uns eine Hälfte davon an. Es gab also doch noch gute Farbige! …

Geoffs zweiter Befehlshaber war mit dem kleinen Jo, Suzannas liebstem Kumpel, im Haus. Ich befand mich im Garten und schaute einem englischen Sergeanten zu, der über die Grasfläche rannte, und zwar ganz in der Nähe des Baums beim Gästehaus, auf dem die Kinder Kletterübungen machten. »Was tust du da?«, fragte ich den Sergeanten.

»Wir haben eine Mau-Mau-Gang vor den Palisaden. Bring die Kinder ins Haus, es wird eine Schießerei geben.«

Es war nicht schneller gesagt als getan.

Die nächsten zwei Stunden hörten wir dem Schusswechsel zu. Endlich meldete sich der Sergeant und berichtete, dass alles vorbei sei. Elf tote Terroristen lagen in der Einfahrt und warteten darauf, von einem Armeelaster abgeholt zu werden. Ursprünglich sollten es 13 gewesen sein, man musste sich also noch Sorgen machen. Ich frage mich, ob die zwei die Nacht mit unseren Jungs verbracht haben.

Auch wenn die keine Kikuyus waren, hätten sie sich einer Bitte für ein Versteck kaum verweigert.

Gerne erinnere ich mich an die Zwillinge Guy und David Campbell. Guy war Chief Officer des kenianischen Regiments und David sein Stellvertreter.

David kam vom Regiment Black Watch. Die beiden zusammen sorgten immer für Verwirrung. Besonders für die Einheimischen ähnelten sie sich wie ein Ei dem anderen. Die wussten nie, wer ihnen Befehle erteilte.

Als wir nachts in ihrer Messe waren, um uns die von der Mau-Mau erbeuteten Trophäen anzuschauen, stießen wir auf ein Kriegshorn. Es war mindestens einen Meter lang.

Sie reichten es herum und fragten, ob es jemand blasen könne. Als ich an die Reihe kam, holte ich tief Luft, und zu meinem Entsetzen lief mir beim ersten Versuch etwas Grässliches in den Hals. In den wildesten Fantasien versuchte ich zu ergründen, was es war. Dann sah ich über der Spitze des Horns die Hand von David Campbell. Der freche Kerl schüttete in die untere Öffnung Bier hinein.

Die Töchter Heather und Joanna bekamen von ihrem Vater John Ors, der den Trupp leitete, aus der Kriegsbeute von der Mau-Mau Pfeil und Bogen.

Die beiden Mädchen lebten zu dieser Zeit zur Ausbildung bei uns. Als wir auf dem Rasen schießen übten, kam Ndata, einer unserer Shamba-Jungen vom Stamm der Nandi, heran und fragte, ob er auch einmal schießen dürfe. Wir ließen ihn probieren. Er legte sich auf den Rücken und schoss den Pfeil so hoch in den Himmel, dass er aus dem Blickfeld verschwand. Es dauerte lange, bis er wieder herunterkam. Er landete direkt zu seinen Füßen.

Eines Nachmittags entdeckte ich hinten im Garten einen großen schwarzen Schlauch und wollte ihn entfernen. Sein Ende befand sich in ziemlich dickem langem Gras unter den Orangen- und Zitronenbäumen.

Als ich mich bückte, um ihn aufzuheben, glitt er zu meinem Entsetzen davon. Es war in Wirklichkeit eine große schwarze Mamba!

Ich schrie so laut, dass Myena mit seiner Panga-Waffe herbeistürmte. Er dachte, ich sei angegriffen worden. Als er mich erreichte, war die Schlange schon weg. Was mag sich der Junge gedacht haben? …

Bei einer anderen Gelegenheit bat uns Andrea, mit ihm in den Holzschuppen zu gehen. Dort wies er auf eine große Puffotter, die an der Wand lag. Diese Schlange ist sehr giftig, aber Gott sei Dank sehr langsam! Ich konnte sie erschlagen.

Ein anderes Mal kam Andrea in die Lounge und sagte auf Suaheli: »Memsaib, komm raus. Wir haben einige große Tiere im Garten.«

Wir lebten am Rande des Nairobi-Nationalparks, und irgendwie hatten es unsere Besucher geschafft, bei uns einzudringen.

Auf unserer Einfahrt spazierte eine Giraffenfamilie, Vater, Mutter und Baby. Wir haben Rip schnell eingesperrt, bevor er sie entdeckte.

Sie kamen heran, um die Blätter an den Obstbäumen anzuknabbern. Dort sind sie ziemlich lange geblieben.

Sie hätten sich bestimmt noch mehr Zeit genommen, aber wir konnten die Hunde nicht länger festhalten.

Als wir sie rausließen, flüchteten sie in einem wunderschönen leichten Galopp.

Das muss man einmal im Leben gesehen haben und wird es nie mehr vergessen.

Rip stürmte ihnen über den Rasen nach bis in den Busch. Doch seine Verfolgungsjagd war vergeblich.

Ich besuchte den kleinen Jo im B.M.H. Er hatte Polypen herausgenommen bekommen.

Als ich wieder gehen wollte, kamen gerade seine Eltern Josephine und Robin. Sie lebten direkt auf dem Campus des Krankenhauses und überredeten mich, für einen Moment mit zu ihnen zu kommen, bevor ich nach Hause zurückfuhr. Es durfte nur ein kurzer Besuch werden, da ich schon um 20:00 Uhr mit Geoff zu einem Abendessen verabredet war …

Es wurde dann doch länger. Und als ich bemerkte, wie spät es schon war, hatte ich nicht mal mehr die Möglichkeit, Geoff telefonisch zu erreichen, um ihm zu sagen, dass ich mich verspäten würde. Nun wollte ich mich wenigstens auf der Fahrt beeilen. Ich fuhr ziemlich schnell den Princess Elisabeth Drive hinauf, als sich der Himmel öffnete und der Regen in Strömen niederging. Es war fast unmöglich, die Straße zu sehen. Dann hörte ich ein ominöses »Klirren«, und das Auto hielt an. Ich trug ein neues weißes Kleid und neue Krokodilschuhe. Als ich aus dem Auto stieg, versank ich im Schlamm und fiel auf die Knie. Meine Schuhe blieben im Matsch stecken. Ich war barfuß und mein Kleid verschmutzt.

Zu meiner Bestürzung stellte ich fest, dass ich mich mitten auf einem der großen Kreisverkehre befand, der den Princess Elisabeth Drive mit dem gegenüber liegenden Scottish-Kirk verband. Was konnte ich tun? Ich rutschte und rutschte im Schlamm, schaffte es auf die Straße und fuhr mit dem Lift zu Ebu's, einer Garage, die ich kannte. Ich musste das Auto aus dem Kreisverkehr holen, bevor die Polizei eintraf. Ich wollte auf jeden Fall eine Strafe für zu schnelles Fahren vermeiden und hatte Angst, dass, wenn sie meinen Atem rochen, klar wurde, ich hätte Alkohol getrunken …

Ebu's war großartig. Ohne jeden Zeitverzug waren wir, mit allen Dingen, die man brauchte, um den Wagen wieder herunter zu bekommen, am Kreisverkehr.

Alles ging gut, doch dann heulte die Sirene eines Polizeiautos auf. Ein rotbärtiger Polizist im Rang eines Sergeanten stand vor uns. »Wie schnell sind Sie gefahren, meine Dame?«, wollte er wissen. Ich wusste, dass wir uns in einer 30er-Zone befanden und antwortete mit einer Zahl dieser Größenordnung.

»Um in dem dicken Schlamm über eine Höhe von 3 Fuß 50 mit dem Fahrzeug weit auf die Insel zu gelangen, müssen Sie mehr als 30 auf dem Tacho gehabt haben«, antwortete er. »Wie lange sind Sie schon hier?«, fasste er nach.

Ich glaubte, er würde nach der Zeit meines Aufenthalts fragen und antwortete: »2 1/2 Jahre. «

»Nein Lady, ich meinte, wie lange Sie schon auf dem Kreisverkehr stehen«, stellte er klar.

Da ich merkte, dass die Vorbereitungen, mich vom Kreisverkehr zu schleppen, dem Ende zu gingen, beschloss ich zu versuchen, das Thema zu wechseln.

»Wie lange sind Sie denn schon hier?«, wollte ich nun wissen. Das änderte alles. Er wurde sehr aufgeschlossen. Unter anderem erzählte er mir, er sei Eishockeyspieler und schon neun Monate in Kenia. Er salutierte, als ich in den Wagen stieg und ließ mich davonfahren.

Zu meinem Entsetzen konnte ich, obwohl ich inzwischen ziemlich nüchtern war, keinen geraden Kurs fahren. Schließlich schaffte ich die sieben Meilen zurück zur Mbagathi Road doch.

Aber als ich am Ende der Fahrt die Brücke zu unserem Haus überquert hatte, ließ ich einfach das Lenkrad los.

Das Auto machte einen Satz und landete in einem Blumenbeet.

Geoff kam aus dem Haus gestürmt. »Wo zum Teufel bist du gewesen?«, wollte er wissen. Es war immerhin schon nach 22 Uhr. Er wartete nicht darauf, den Grund für meine Verspätung zu erfahren, sondern fuhr fort: »Geh schnell ins Haus, ich stelle das Auto weg.«

Aber dann stellte er fest, dass es nicht so einfach war, dies in der Dunkelheit zu tun.

Er ließ also das Auto bis zum nächsten Morgen stehen.

Als er dann bei seiner Inspektion feststellte, dass aufgrund des Aufpralls auf den Kreisverkehr alle Räder einen Schlag nach außen bekommen hatten, wurde er noch mal böse.

Wie hatte ich es nur geschafft, diese sieben Meilen zu fahren?!

Als Geoff vor Ort Urlaub machen musste, beschlossen wir, im Amboseli-Park eine Party zu organisieren.

Neben uns dreien und Rosa waren Robin, Josephine und der junge Jo, Sue und Peter Leonard sowie Mike Broomfield dabei.

Mike wohnte gerade bei uns, weil sein Schiff in Mombasa eingelaufen war. Er war, zu Ihrer Erinnerung, der ältere Sohn von Ruth und Ajax, die den Offiziersclub in Catterick leiteten. Er war jetzt bei der Marine.

Das Camp in Amboseli war eine Sammlung von Rondavels, landestypischen Rundhütten, die ursprünglich gebaut worden waren, um die Stars und Führungskräfte des Films *Where no vultures fly*, in Deutschland: »Schwarzes Elfenbein«, zu beherbergen.

Als der Film fertig war, wurde das Camp der kenianischen Regierung überlassen. Zu unserer Zeit konnte man jeweils drei Rondavels tageweise für billiges Geld mieten. Die erste Hütte hatte ein Wohn-/Schlafzimmer, vor dem sich eine ziemlich große Veranda befand. Die diente als Esszimmer und war die ganze Zeit in Gebrauch. Die zweite war ein Badezimmer mit Dusche und die dritte eine Küche. Es gab auch ein Zimmer für die Diener. Sie hatten ihre eigene Bettwäsche, ihr eigenes Essen, ihre eigenen Getränke und ihre Kochutensilien dabei. Alles, was sie benötigten.

Wir waren sehr aufgeregt bei dem Gedanken, in einem von Großwild umgebenen Lager zu logieren und verloren keine Zeit, mit dem Auspacken zu beginnen. Wir wollten unsere Sachen eingeräumt haben, bevor es dunkel wurde.

Bei unserer ersten Pirsch hatten wir das Glück, auf ein Rudel von elf Löwen zu stoßen. Die dösten am späten Nachmittag vor sich hin und beachteten uns kaum. Wir fuhren ganz in ihre Nähe und parkten. Nach einer Weile beschlossen sie, abzuziehen. Zuerst stand eine Löwin auf und glitt verstohlen davon. Dann noch eine, noch eine und noch eine.

Erst da erkannten wir, dass sie einen Wasserbock umzingelten.

Der weidete ruhig und schien nicht zu wissen, was ihm geschah. Dann hustete Suzanna. Da ging sein Kopf in die Höhe, und er sah, in welcher Lage er sich befand, dass die Löwinnen hinter ihm her waren.

Ich frage mich oft, ob Suzannas Husten den Bock gerettet hat, bezweifle das aber!

Wir versuchten dann, ein Nashorn zu sehen.

Es sollte uns wirklich gelingen.

Als wir in Peters Jeep saßen, sahen wir plötzlich zwei der mächtigen Tiere, die seelenruhig auf einer großen Freifläche grasten.

Wir umkreisten sie in ziemlich respektvoller Entfernung.

Sie hoben nur kurz die Köpfe und kauten dann weiter.

Wir verringerten den Abstand zu ihnen immer mehr.

Auch das machte sie nicht unruhig.

Schließlich stellte Peter den Motor ab, und wir machten blutige Jagdgeräusche. Nach einer Weile äugten die Tiere widerwillig zu uns herüber, als wollten sie sehen, wer den Lärm von sich gab.

Sie scharrten mit ihren Hufen auf dem Boden, um uns zu zeigen, dass sie angriffslustig waren.

Wir wendeten vorsichtshalber den Jeep, und die Rinos verfolgten uns wirklich. Sie taten es aber nur halbherzig und gaben bald auf.

Bei einer anderen Gelegenheit, als Geoff und ich allein von Mombasa zurückkamen, trafen wir, als wir am Ufer eines Flusses entlangfuhren, wiederum auf ein Nashorn, diesmal mit Kalb. Es stand nicht weit von uns, als wir unverhofft herankamen. Wir wussten instinktiv, dass die besorgte Mutter angreifen würde.

Geoff beschleunigte deshalb den Wagen, und wir fuhren so schnell wir konnten außer Sichtweite.

Nashörner sind sehr kurzsichtig. Die Nashornkuh verlor uns bald aus dem Blick, und wir kamen ungeschoren aus der Gefahrenzone …

1953 beschlossen wir, zu Weihnachten in das Urlaubscamp Nyali bei Mombasa zu reisen.

Es würde uns allen guttun, der angespannten Atmosphäre, die Mau-Mau in unserer Gegend erzeugte, wenigstens für kurze Zeit zu entkommen.

Es ereigneten sich inzwischen jeden Tag mehrere Morde, nicht nur an Weißen, sondern auch an den Farbigen, die mit den Terrortaten nicht einverstanden waren …

Ungefähr drei Wochen vor unserer Fahrt dorthin hatte ich den ersten von drei identischen Träumen. Zu der Zeit war ich nicht sehr glücklich darüber, wie es mit Rosa lief. Die konnte manchmal sehr schwierig sein, muss ich voranschicken.

Ich habe geträumt, dass ich an einem langen gelben Strand stünde und Rosa sagen hörte: »Es tut mir sehr leid, Mrs. Foster, aber ich habe Suzanna am Meer aus den Augen verloren.«

Dieser Traum beunruhigte mich so sehr, dass ich schließlich zu Geoff sagte: »Ich möchte nicht nach Mombasa reisen.«

Ich erklärte ihm auch den Grund dafür.

»Mach dir keine Sorgen«, erwiderte er, »wir werden Rosa die ganze Zeit überwachen.«

Das taten wir, und Suzanna passierte nichts in Mombasa und auch nicht bei nachfolgenden Exkursionen mit Rosa.

In diesem Urlaub hatten wir trotz meiner Träume ein wunderschönes Weihnachtsfest.

Das Camp wurde von Jack und Gwen Alexander geleitet.

Er war ehemaliger Kanonier-Colonel.

Wir feierten viele Partys mit den beiden und hielten auch danach jahrelang Kontakt.

Viel später besuchten sie uns, als wir in Jamaika stationiert waren.

Ein Ereignis vor dem Weihnachtsfest möchte ich noch nachtragen: Am Tag vor dem 24. Dezember sind wir noch mal nach Mombasa zum Shopping gefahren. In einem Schaufenster lag eine schöne Puppe mit langen blonden Zöpfen. Obwohl wir Suzannas Geschenke bereits gekauft hatten, beschlossen wir, sie noch zusätzlich zu erstehen.

Die arme Puppe sollte einiges erdulden!

Die Kinder im Camp nutzten den Speisesaal zu einer anderen Zeit als die Erwachsenen.

Suzanna und Rosa frühstückten also vor uns und kehrten in ihr Zimmer zurück, wenn wir zum Frühstücken kamen.

Als wir sie danach besuchten, gab es die schöne Puppe nicht mehr. Suzanna hatte ihre langen blonden Zöpfe abgeschnitten!

Für Geoff und mich ging es nur auf einen Abstecher nach Hause zurück. Wir ließen Suzanna und Rosa mit den Smarts dort und fuhren nach Moshi im damaligen Tanganjika. Geoff musste dort eine Inspektion durchführen. Wir logierten bei dem C.O. und seiner Frau. Die Mac-Naughts waren ein entzückendes und unterhaltsames Paar. Wir erlebten unvergessliche Stunden zusammen.

Wir hatten auf diesem Trip unseren Hund Rip dabei.

Auf dem Heimweg machten wir in Mtito Andei im Hotel einen Zwischenstopp.

Das Hotel war wiederum eine Ansammlung der typischen Rundhäuser. Es hatte zudem eine Gemeinschaftslounge, ein Esszimmer und eine Bar.

Wir waren ziemlich betroffen, als wir auf einem Schild den Hinweis lasen: Hunde sind in den Zimmern nicht erlaubt.

Wie sollten wir Rip füttern?

Wir beschlossen, mit ihm dafür ins Badezimmer zu schleichen. Danach wollten wir ihn wieder brav ins Auto verfrachten.

Nachdem dies erledigt war, gingen wir zum Abendessen in den Hauptspeisesaal ...

Als wir später wieder in unser Rondavel kamen, freuten wir uns nur noch darauf, nach dem langen Tag zu Bett zu gehen. Doch als wir die Tür zum Badezimmer öffneten, fanden wir die Wände und den Boden schwarz vor Safari-Ameisen.

Diese Ameisen sind etwa einen Zentimeter lang und können sehr böse zukneifen. Es gab Tausende von ihnen im Raum. Wie sollten wir sie nur loswerden?

Wir konnten das Management nicht um Hilfe bitten.

Wir befürchteten, es würde uns beschuldigen, den Hund im Badezimmer verbotenerweise gefüttert zu haben.

Es war nämlich offensichtlich, dass Rip ein Stück Fleisch fallen lassen hatte. Das verdammte Stück hatte dann das Ungeziefer angezogen und aus dem Dschungel zu uns gelockt.

Geoff entschied, dass es das Beste sei, was wir tun könnten, aus einem

Emailbecken so lange Wasser an die Wände zu spritzen, bis alles Ungeziefer ersoffen war.

Er sammelte die Kadaver danach in einem Handtuch ein und schüttete sie ins Klo.

Ich stand mit einem Schuh in der Hand an der Tür und schlug nach den wenigen Überlebenden, die noch zu entkommen versuchten.

Die Aktion wurde fast zur Sisyphusarbeit, gelangt aber nach großen Anstrengungen doch. Ich kann mich nicht mehr genau erinnern, wie lange wir für dieses Heldenstück gebraucht haben. Aber wir haben danach noch lange sehr heiß geduscht, um das schlimme Erlebnis förmlich abzuspülen. Dann erst fielen wir völlig erschöpft in unser Bett …

Zu Hause erreichte uns zu allem Unglück auch noch ein trauriges Telegramm: Blue war in Essex nach der Einnahme eines Medikaments an einer allergischen Reaktion verstorben! Sie war nur 52 Jahre alt geworden.

Ich hatte zweimal Gelegenheit, das original Treetops-Hotel zu besuchen. Es wurde in einem riesigen Feigenbaum im Aberdare-Wald errichtet. Dort war auch unsere gegenwärtige Königin zu Gast, kurz bevor sie den Thron bestieg.

Das Hotel gehörte Eric Sherbrooke-Walker, der es ursprünglich als Ausguck für Großwild gebaut hatte und erst nach und nach zu einem Hotel ausbaute, das allerdings nur 16 Personen aufnehmen konnte. Die Gäste schliefen auf zwei Terrassen. Es gab eine Küche, Duschen, Klos und einen Essbereich.

Uns wurde von kompetenter Stelle erzählt, dass beim Besuch der Königin zu deren Sicherheit Jim Corbett als Begleiter abgestellt worden sei. Er war zu Ruhm gekommen, als er in Indien menschenfressende Tiger und Leoparden getötet hatte, die dort immer wieder Dörfer überfielen und zur tödlichen Plage wurden.

In Gegenwart der Königin machte Jim den Paarungsruf eines Leoparden nach, und ein wenig später erschien das Tier wirklich unter dem Baum! Er wohnte jetzt im Outspan-Hotel in Nyeri, das ebenfalls Sherbrooke-Walker gehörte. Es war der Ausgangspunkt für einen Safari-Truck, der am Treetops-Hotel endete.

Mein erster Besuch im Treetops-Hotel erfolgte mit der Army, mit einer Gruppe von Männern des G.H.Q.

Als wir den Pfad, der durch den Aberdare-Wald führte, erreichten, wurden wir von zwei weißen Jägern mit Gewehren empfangen. Sie trugen ihr traditionelles Kennzeichen, den Doppelterai-Hut, der eigentlich von den Gurkhas aus Nepal stammte. Er war mit einem Leopardenfellband eingefasst.

Sie erklärten uns, dass hier Nashörner oder andere wilde Tiere oftmals unverhofft aus dem Wald auftauchten.

Um uns zu schützen, hätte man an den Bäumen entlang des Pfades Seile befestigt, mit deren Hilfe man schneller fliehen könne.

Wir kamen aber ohne Zwischenfälle am Baumhotel an.

Sie zeigten die Schlafräume auf den Terrassen, die über einen riesigen Salzteich lagen, der von vielen wilden Tiere als Salzlecke angenommen wurde.

Der See war von einem künstlichen Mond malerisch beleuchtet …

Es müssen an die 50 Paviane gewesen sein, die später versuchten, Zugang zu den Terrassen zu bekommen. Sie waren auf Nahrungsmittel scharf.

Aber sie wurden an Diebstählen gehindert, da der Bereich durch Drahtzäune abgeschirmt war.

Wir haben sie zum Trost durch den Zaun mit einer Menge Süßkartoffeln gefüttert.

Nach einem sehr guten Abendessen legten wir uns auf unsere Betten und warteten, was da kommen würde. Wir waren sehr leise. Bis wir Geoffrey Rimbault flüstern hörten. »Es gibt ein Nashorn am Leck.«

Dies war der Beginn einer aufregenden Nacht, in der wir Nashorn, Büffel und Geparden aus dem Wald kommen sahen auf dem Weg zum Salz …

Nach einem leckeren Frühstück wurden wir noch einmal von den Jägern durch den Wald begleitet, wo unser Transporter schon darauf wartete, uns zurück zum Outspan zu bringen. Bevor es nach Hause ging, hatten wir das große Glück, mit Jim Corbett und seiner Schwester Maggie zusammenzutreffen und etwas zu trinken und uns zu unterhalten.

Wir stellten fest, dass wir gemeinsame Freunde hatten. Ich fühlte mich sehr privilegiert, einen so mutigen Mann kennenzulernen. Ich las inzwischen alle seine Bücher und erfuhr dabei, dass es in Indien ein Wildreservat gibt, das seinen Namen trägt.

Das zweite Mal »up the Tree« wurde noch aufregender als das erste Mal. Ich genoss diesen Aufenthalt sogar allein!

Am Morgen hatte Captain Marshall mich aus dem Outspan abgeholt, wo wir wohnten.

Geoff musste von dort zu einer Inspektion nach Nyeri.

Der junge Arzt fuhr zunächst mit mir ins Hospital und pierçte mir auf dem Operationstisch meine Ohren …

Ich kam gerade noch rechtzeitig in den Outspan zurück, um dort mit anderen Armeefrauen zusammenzutreffen. Dann bat uns Eric Sherbrooke-Walker um einen Gefallen.

Die B.B.C. war in den Busch gekommen, um einen Film über Treetops zu drehen. Er wollte, dass wir einige Szenen dafür stellten: in den Truck steigen, um zum Aberdare zu fahren,

mit den weißen Jägern durch den Wald pirschen,

am Baum-Hotel ankommen usw.

Wir waren erfreut, ihm helfen zu dürfen, und stimmten gerne zu.

Bei unserer Ankunft wurden wir wieder von den Pavianen begrüßt, und die Kameras schnurrten, als wir ihnen Süßkartoffeln fütterten. Wir stiegen dann in den Baum und warteten darauf, dass Tiere kamen, aber nichts geschah, und der Nachmittag ging erfolglos zu Ende.

Ray Noble, der für die B.B.C.-Crew verantwortlich war, sagte, sie würden nicht gehen, bis sie etwas auf der Rolle hätten. Sie waren sogar bereit, über Nacht zu bleiben.

Eric S.W. sagte, es gäbe im Baum nur genug Nahrung, um acht Personen satt zu bekommen.

Man könne ja Lose ziehen, um zu sehen, wer bleiben dürfe oder in den Outspan zurückkehren müsse.

Ich hatte Glück, zog ein gutes Los und durfte bleiben.

So wurde ich ein Filmstar für eine Nacht!

Sobald es dunkel war, wurde es unbeschreiblich.

Unzählige Tiere kamen an die Salzlecke – Nashörner, Büffel, Elefanten, Warzenschweine, Buschböcke, Wasserböcke usw. Wir erlebten sogar einen Dreikampf zwischen Nashorn, Büffel und Elefant. Eric S.W. sagte später, dass er in all den Jahren, in denen er den Baum besaß, noch nie so etwas erlebt habe.

Wir sind die ganze Nacht aufgeblieben. Es gab so viel zu sehen. Am Morgen surrten die Kameras von Neuem, als ich noch einmal Süßkartoffeln zu den Pavianen warf und danach mit Major Jeffreys, einem der weißen Jäger, im Wald verschwand. Was für eine Erfahrung!

Das Baum-Hotel wurde später von den Mau-Mau niedergebrannt. Ich glaube, heute gibt es ein anderes Hotel mit gleichem Namen am gleichen Ort. Aber es wird niemals dasselbe sein ...

John und Patricia haben uns nach Nanyuki eingeladen, um am Wochenende im Leakey zu angeln.

»Ich fische auch«, sagte Patricia, was mich ein wenig überraschte. Ich hatte eigentlich das Gefühl, sie sei kein Anglertyp. Nach dem Mittagessen machten wir uns auf den Weg.

Ich bemerkte schnell, dass Patricia ihre Fliege nicht auswarf, sondern einfach auf die Flussoberfläche legte, damit die Strömung sie stromabwärts trieb.

Sie ließ Meter um Meter der Schnur heraus, und Gott kann es bestätigen, sie war die Erste, die einen Biss bekam!

Der Nachmittag zog sich dahin, und ich hatte kein Glück. Als John und Geoffrey beschlossen, flussaufwärts zu gehen, überredete ich Patricia, mit ihnen zu laufen, da ich mich danach sehnte, alle loszuwerden, damit ich heimlich ebenfalls Patricias Methode anwenden konnte. Gedacht, getan!

Ich stieg auf einen Felsen, der aus dem Fluss herausragte, und legte meine Fliege sanft auf dem Wasser ab.

Es war *ein Kutscher*, und los ging es mit der Strömung.

Ich konnte nicht glauben, wie schnell meine Rute sich bog. Nachdem ich zehn Minuten mit dem Fisch gekämpft hatte, brachte ich ihn in Ufernähe. Es war eine ein Kilo schwere Bachforelle.

Und dann, welches Entsetzen!

Geoff hatte unser einziges Netz mitgenommen, und ich besaß nichts, womit ich den Fisch anlanden konnte.

Die Forelle kämpfte sich vom Haken, landete aber auf dem Felsen. Dummerweise griff ich nach ihr, aber sie flutschte durch meine Finger.

Gott sei Dank landete sie wieder auf dem Felsen.

Ich wollte einen Griff nicht noch einmal versuchen, hatte Angst, sie würde das nächste Mal im Wasser verschwinden.

So suchte ich nach einer anderen Lösung und setzte mich schließlich auf sie, um sie zu ersticken.

Es gelang. Sie wurde der größte Fang des Nachmittags!

Als John und Patricia nicht mehr in Nanyuki lebten und Geoff dort inspizieren musste, übernachteten wir im Mawingo- Hotel. Es war das mit Abstand beste Hotel in Kenia.

Es gab noch andere Angeltouren, an die ich mich gerne erinnere: Wir fuhren zum Fluss Thika-Chania. Wegen Mau-Mau gab uns Harry Thurlow, der in diesem Gebiet befehligte, eine bewaffnete Begleitung mit. Ich habe zwar keinen Fisch gefangen, aber als ich meine Fliege auswarf, hatte ich den Wächter am Haken. Es dauerte eine ganze Weile, bis ich ihn wieder von meiner Fliege befreit hatte!

Ein weiteres Mal fragte unser General Geoff Herbert Mayhill und mich, ob wir mit ihm am Wochenende einen Brigadier besuchen wollten, um zu angeln. Wir stimmten freudig zu. Es wurde vereinbart, nach Embu zu fahren, im Isaak-Walton-Hotel zu wohnen und im Rupingazi zu fischen.

Zu dieser Zeit hatten wir Rebell, unseren Ridgeback. Wir nahmen ihn zum Schutz mit. Er war ein typischer Jagd- und Wachhund. Seine Rasse stammte aus Südafrika und Zimbabwe.

Leider geriet er im Hotel in Streit mit einem anderen Hund. Ihre Mäuler hatten sich so ineinander verbissen, dass sie nicht mehr auseinanderkamen. »Holen Sie sich einen Eimer Wasser«, riet Brigadier Pat Scott, und ich rannte davon, um diesem Befehl Folge zu leisten.

Ich reichte Pat das Wasser und »whoosh«, begoss er nicht nur die beiden Hunde, sondern auch Herbert.

Der hatte in der Zwischenzeit die Schnauze eines Hundes mit einer brennenden Zigarette malträtiert, und sich dabei zu den Tieren vorgebeugt.

Schlussendlich nahm die Angelegenheit noch ein glimpfliches Ende.

Wir gingen danach alle in guter Stimmung zum Jägerball, der an diesem Abend im Westwood-Park-Hotel abgehalten wurde.

Man war bedacht, möglichst viel an uns zu verdienen.

Um die Kosten möglichst niedrig zu halten, nahmen wir einige Flaschen Champagner unter unseren voluminösen Abendkleidern mit in den Saal.

Während des Abends gab es einen Jagdhornwettbewerb, den Geoff gewann. Er war weit besser als alle anderen, obwohl er sich nicht im Training befand.

Als wir wieder zurück in Nairobi waren, kam ich auf der Straße mit Robbie Barcroft ins Gespräch. Mir ist nicht mehr genau erinnerlich, woher ich ihn kannte. Während des Gesprächs trat ein Polizist zu uns und monierte, ich habe das Auto zu nahe an der Ecke und zu weit vom Bordstein entfernt geparkt. Er müsse dieses Vergehen ahnden. Ich war empört, wartete aber dann gespannt auf einen Bußgeldbescheid. Eines Tages stand der Sohn eines Bauern vor unserer Tür.

Seine Familie lebte an unserer Straße, und er war von der kenianischen Polizei.

Er sah sehr jung aus, und ich hatte das Gefühl, ich war ihm sympathisch. Er zeigte mir den Bußgeldbeleg und sagte: »Was soll ich damit anfangen?«

Ich empfand das als lustige Frage und schaute ihn ein wenig verwirrt an. Er fuhr freundlich fort: »Nun, ich könnte ihn zerreißen.« So fand die lächerliche Angelegenheit doch noch ein faires Ende ...

Geoff hatte ein kleines gesundheitliches Problem und nahm ein Medikament namens Olofen. Das enthielt, wenn ich mich recht erinnere, Belladonna. Er stellte die Flasche immer neben sein Bett. Eines Morgens sah ich, dass sie offen auf dem Bett lag, die Tabletten daneben. Ich bekam meine Tochter zu fassen und fragte, ob sie welche eingenommen habe, und sie antwortete mit Ja. »Wie viele?«, wollte ich wissen. Suzanna fing gerade an zu zählen. »1, 2, 3, 4, 5«, erwiderte sie.

Geoff ging kein Risiko mehr ein, wir hatten ja leider schon schlimme Erfahrungen damit.

Er setzte sie ins Auto und raste zum B.M.H., wo sie den Magen ausgepumpt bekam.

Später, als Andrea Suzannas Bett machte, entdeckte er kleine schwarze Klümpchen unter der Bettdecke. Er bat mich, sie anzuschauen. Es waren die Reste der Tabletten! Nachdem Suzanna den Zuckerüberzug abgelutscht hatte, hatte sie den Rest ins Bett gespuckt ...

Ungefähr um diese Zeit fragte Andrea, ob seine zwei kleinen Freundinnen mit bei uns leben dürften. Für mich sprach nichts dagegen. Schon bald stellte er uns seine »zwei Frauen«, Jerima und Ester, vor. Willkommen auf der Brookvale Farm!

Jerima war im selben Alter wie Suzanna, und sie verstanden sich sehr gut. Bald stellte ich fest, dass Suzanna besser Suaheli sprechen konnte als ich.

Wenn ich künftig Kleidung für meine Tochter kaufte, kaufte ich auch welche für Jerima. Dieses kleine schwarze Mädchen sah in einem neuen Kleid oder einer neuen Latzhose bezaubernd aus. Warum sah das weiße T-Shirt bei ihr so viel weißer aus als bei Suzanna?

Mit Mau-Mau wurde es trotz der Anzahl der Bataillone, die sie aus Großbritannien entsandten, immer schlimmer.

Eines Tages erklärte ich Geoff, dass ich nicht mehr die Verantwortung tragen wolle, Rosa und Suzanna im Haus zu haben, wenn er abwesend war.

Ich konnte mithilfe von Rip zwar auf mich selbst aufpassen, aber nicht auch noch auf die beiden.

Fast neben dem G.H.Q. befand sich ein Kindergarten, der schien mir sicherer. Also ging Suzanna zu Bambis Banda, während Rosa in Nairobi Kurzschrift und Schreibmaschinenschreiben lernte. Ich war tagsüber nun viel zufriedener.

Josephine, Suzannas Freundin, kam ein paar Tage vor Weihnachten zu uns.

Während aller Weihnachtstage besuchten auch Familien des R.A.M.C. unser geschmücktes Haus, um etwas zu trinken und Kekse zu essen.

Für das Fest habe ich immer einen großen Weihnachtsbaum geschmückt und in der inneren Halle aufstellen lassen.

Eine große Menge Schokoladenteddybären wurden gekauft und den Kindern geschenkt.

Wir platzierten sie immer am Fuße des Baumes.

Ich hatte Suzanna und dem jungen Jo schon jeweils einen davon gegeben, aber erklärt, dass die anderen für unsere Besucher seien und nicht angerührt werden dürften.

Sie folgten jedoch meiner Anweisung nicht.

Am nächsten Morgen bemerkte ich, dass eine ganze Schachtel verschwunden war. Da habe ich ihnen die Leviten gelesen. Dies hatte leider keinen Erfolg.

Als die nächste Schachtel verschwand, fragte ich mich, wie ich ihnen zeigen konnte, wie sehr ihre Ungezogenheit mich verletzte. Ich gab vor zu weinen, und da standen sie zusammen und sangen frech das Kinderlied *Cry Baby Bunting*.

Ein wunderbares Naturerlebnis muss ich noch schildern:

Eines Morgens im Morgengrauen standen wir auf und fuhren zum Mudanda Rock. Dort gab es einen herrlichen Ausblick auf den Fluss. Wir warteten eine Weile und sahen dann weit entfernt eine rote Staubwolke aus dem Dschungel aufsteigen. Wir hofften, dass das, worauf wir warteten, auf dem Weg zu uns war. Kurze Zeit später trotteten unheimlich viele Elefanten aus dem Dschungel. Wir bekamen sie in allen Größen zu sehen. Ihre Zahl konnten wir nur schätzen, 40, 50, 60 waren es vielleicht. Sie badeten alle zusammen im Fluss. Ich erinnere mich an die winzigen Babys, die von ihren Müttern gewaschen wurden. Nachdem die morgendlichen Waschungen durchgeführt waren, machten sich die mächtigen Tiere majestätisch auf den Weg zurück in den Dschungel …

Als wir wieder in Nairobi waren, erreichte uns die traurige Nachricht, dass ein guter Freund an Malaria gestorben war.

Sir Neil Hamilton-Fairley, der Malaria-Experte, kam nach Kenia, um verschiedene Tests an den Truppen durchzuführen. Er kam auch zum Abendessen zu uns, und ich fragte ihn, wie es sein konnte, dass ich in Westafrika an Malaria erkrankte, obwohl ich mein Paludrin jeden Morgen beim Frühstück eingenommen hatte. Er meinte, ich hätte wohl einmal vergessen, es einzunehmen. Ich wusste aber genau, dass ich immer daran gedacht hatte. Ich widersprach ihm nicht, denn ich wollte nicht mit ihm streiten. Ich befand es allerdings nun als bewiesen, dass Paludrin nicht unfehlbar war!

Geoff als A.D.M.S. Ostafrika war immer unterwegs, da er ein großes Gebiet zu bereisen hatte.

Er musste überallhin, wo es Truppen in British Afrika gab: Kenia, Uganda, Tanganjika, Nyasaland, Nordrhodesien und Sansibar. So wurden die Gebiete in den 50er-Jahren genannt.

Ich konnte ihn nach Uganda, Tanganjika und Nyasaland begleiten, aber nicht nach Rhodesien und Sansibar, was ich sehr bedauerte, insbesondere dass ich nicht nach Sansibar kam.

Wenn Geoff nach Nakuru musste, drängte ich immer darauf, mitfahren zu dürfen. Nicht nur Dick und Barbara Oliver, Dick befehligte das Bataillon, lebten dort, auch Maurice und Phil Pain. Gelinde ausgedrückt, war es eine sehr »pferdige« Angelegenheit, wenn wir uns trafen. Wir genossen es, mit ihnen zusammen zu sein.

Mit den Olivers hatten wir und Charles Payne gemeinsame Freunde in Großbritannien. Mr. Oliver war unter dem Namen »Snaffels« als Sportmaler bekannt. Wir besaßen bald viele seiner Drucke und sogar ein paar Originale.

Barbara, glaube ich, hatte noch mehr davon. Sie erbte viele Exponate, als Lucy, Snaffs Witwe, verstarb.

Auf dem Weg von Nairobi über Gilgil nach Nakuru sahen wir immer nach den Flamingos auf dem Elementeitasee. Es müssen Tausende gewesen sein, und der See war rosa oder bei vollem Sonnenlicht gänzlich weiß. Sie ernährten sich dort von der zahlreich wachsenden Sperolinaalge. Nebenan befand sich der Lake Naivasha, an dem es einen Segelclub gab. Einmal nahm mich John Crichton, einer unserer Offiziere, in seine Crew, während seine Frau Mary und seine Tochter Evelyn den Tag mit Suzanna verbrachten.

Lou Swantzel, ein Bauer, der unser Haus immer mit Milch versorgte, bereitete uns eine große Überraschung. Als er wieder mal das Haus besuchte, schenkte er Suzanna nicht nur ein dreiwöchiges siamesisches Kätzchen, sondern brachte auch eine kleine Löwin gleichen Alters mit. Er bat mich um Hilfe bei ihrer Pflege. Der Wildhüter, dem sie gehörte – sie wurde von den Massai gefunden und zu ihm gebracht – , war erkrankt und befand sich im Krankenhaus.

Als sein Freund hatte Lou es übernommen, die Kleine zu pflegen, bis er wieder entlassen wurde. Doch die Pflege wuchs ihm über den Kopf, so kam er auf mich.

Das Jungtier war bezaubernd, und wir fütterten es eifrig mit der Flasche. Wir trugen dabei lange Lederhandschuhe, da die kleine Wildkatze schon in diesem Alter in Erregung böse Kratzer verursachen konnte.

In Erregung war sie immer, wenn sie nach Milch gierte.

Die Kleine saugte stets alles bis zum letzten Tropfen auf.

Dann legte ich sie mir wie ein Baby über die Schulter und tätschelte ihr den Rücken, bis sie ein Bäuerchen machte.

Ich hätte sie gerne für immer behalten, aber irgendwann wurde sie zurück in die Wildnis gebracht. Sie wurde langsam zu groß.

Die schönste Hochzeit, die wir erlebten, war die, als Peter Leonard und Sue Branson heirateten.

Sie bauten in Machakos ihre Ranch.

Die Braut war wunderschön, aber auch die beiden Brautjungfern Caroline, ihre Schwester, und Suzanna. Caroline war ungefähr 16, Suzanna erst knapp vier Jahre alt.

Die beiden Mädchen waren in hellem Primelorganza gekleidet und trugen Kugeln aus zusammengesteckten Agapanthusblättern.

Als Suzanna nach der Hälfte des Gottesdienstes müde wurde, setzte sie sich einfach in den Gang und wartete, bis alles vorbei war. Sie pflückte dabei in aller Ruhe ihren Strumpf in Stücke! ...

Manchmal gingen wir zum Tee ins Brockenhurst-Hotel in Limuru. Es war ein herrlicher Ort, der in einer so schönen ländlichen Umgebung lag.

The Lobster Pot, Torrs, The Norfolk-Hotel, The New Stanley zum Mittagessen und The Equator-Club zum Abendessen und Durchtanzen waren unsere weiteren ersten Adressen.

In der Station Road gab es zudem ein indisches Delikatessengeschäft, in dem wunderbarste Samosas, indische Teigtaschen, verkauft wurden. Ich habe sie nie besser gegessen!

Als die Zeit für uns kam, Kenia zu verlassen, wussten wir, dass England wegen des Kriegs immer noch alles rationierte. Deshalb fragten wir den indischen Feinkosthändler, ob er uns jeden Monat einen Schinken schicken würde. Er war sehr geschmeichelt und versprach es.

So, wie wir lebten, bestand eine Siedlers-Farm nur aus 10 1/2 Acres Land. Viele unserer Nachbarn waren echte Siedler, die schon direkt nach dem Ersten Weltkrieg in Kenia angekommen waren.

Ihre Ländereien waren viel größer als unsere.

Ihnen wurde der Boden noch zu 2 £ 6 den Acre angeboten!

Unsere nächsten Nachbarn waren Cecil und Aileen.

Etwas weiter weg bewirtschafteten deren Schwester Renée und ihr Ehemann Harry eine Farm.

Ich liebte es, diesen Alten zuzuhören. Sie erzählten noch aus der Zeit, in der es auf ihrem Gelände Löwen gab und sie mit Ochsenkarren nach Nairobi fuhren.

Harrys Cousin war Dan Maskell, der international als Sportkommentator bekannt wurde.

Ich habe ihn getroffen, als er bei ihnen zu Besuch war.

Als Geoff entdeckte, dass Cecil, ein Geschäftsmann aus Nairobi, eine Pokerrunde mit anderen Geschäftsleuten pflegte, dauerte es nicht lange, bis er mitspielte.

Bevor die Mau-Mau-Unruhen anfingen, fanden ihre Treffen Samstagsabend statt. Danach wurde beschlossen, samstagnachmittags zu spielen, damit die Frauen nach Einbruch der Dunkelheit nicht allein gelassen werden mussten.

Jeder der Spieler war abwechselnd Gastgeber. Die Ehefrau bereitete Essen und Trinken vor. Es wurde zur guten Sitte, dass nach der letzten Runde der »Pot«, egal wer gewonnen hatte, mit der Hausfrau geteilt werden musste. Ich freute mich deshalb immer, wenn Geoff Gastgeber war. Mir gefiel das zusätzliche Taschengeld! Die Einsätze waren angemessen, eher bescheiden. Man konnte am Nachmittag 20 £, 30 £ oder 40 £ gewinnen bzw. verlieren.

Am letzten Samstag, bevor wir Kenia verließen, spielte Geoff »auswärts«. Er hätte normalerweise vor 19 Uhr zu Hause sein sollen, aber es wurde 20 Uhr, und er war immer noch nicht zurück. Ich begann mir Sorgen zu machen und befürchtete, er sei auf dem Rückweg überfallen worden.

Da ich kein Telefon hatte, konnte ich nicht einmal anrufen. Es wurde 9.30 Uhr und ich befand mich bereits in einem schrecklichen Zustand. Da stand er plötzlich in der Tür und strahlte vor Freude. Er warf 54 £ auf den Tisch und sagte:»Und sie können es nicht mal zurückgewinnen!« Ich nahm den Packen und vereinnahmte ihn.

Der Gedanke an Cecil brachte mir in Erinnerung, dass er einen Schwiegersohn bei der kenianischen Polizei hatte. Er und ein Kollege färbten ihre Haut dunkel und verkleideten sich als »Mammies«. So wollten sie Informationen über die Mau-Mau-Banden erhalten. Wenn ich mich richtig erinnere, haben sie dafür die George-Medaille für Tapferkeit erhalten.

Unsere Zeit in Kenia war nun vorbei. Die Hunde waren in neue Häuser gegangen, Loveday vermutlich in die Uplands Bacon Factory und Rosa war bereits vier Monate weg. Wir hatten es geschafft, das Haus an ein Ehepaar jahrweise zu vermieten, da wir die Absicht hatten, zurückzukehren, wenn die Unruhen vorbei waren.

Wäre da nicht Suzanna gewesen, wären wir wahrscheinlich trotz der Terroristen geblieben. Aber wir hielten es nicht für fair, Suzanna in einem Land aufzuziehen, in dem ihre Bewegungsfreiheit so eingeschränkt war.

Am Tag unserer Abreise packten wir das Auto mit unseren Koffern voll und warteten darauf, dass unsere Mieter ankamen und die Schlüssel übernahmen.

Als das erledigt war, sahen wir uns noch einmal um, stiegen ins Auto und fuhren nach Nairobi, wo wir noch mal mit den Smarts zu Mittag aßen.

Auf dem Weg dorthin hupte uns ein Auto an, als es vorbeifuhr.

Der Fahrer rief uns zu, unser Kofferraum sei offen.

Als wir ihn schlossen, stellten wir fest, dass ein Koffer fehlte. Es war der winzige blaue, der alle meine wertvollen Besitztümer enthielt.

Abgesehen von den zwei Ringen, die ich, Gott sei Dank, tragen wollte, war alles fort. Der Verlust war allerdings nicht von großem monetären Wert, aber an allen verlorenen Stücken hingen viele Erinnerungen.

Es blieb nur die Möglichkeit, an der nächsten Polizeistation zu halten, um den Verlust zu melden. Wir baten die Beamten, sollten sie den Koffer finden, ihn bei den Smarts abzugeben. Später kam mir der Gedanke, dass es unser Junge Myena gewesen sein konnte, der die Gelegenheit nutzte, das Köfferchen aus dem Kofferraum zu entwenden, als wir ins Haus zurückgingen, um die Schlüssel abzugeben. Er war allein beim Wagen zurückgeblieben …

Traurig stiegen wir in den Zug nach Mombasa.

Bevor unser Schiff ablegte, mussten wir noch ein paar Nächte in Nyali bleiben.

Georgic, unser Liner, der uns zurück nach Großbritannien bringen sollte, hatte leichte Verspätung.

Unter den Passagieren, die mit uns nach Hause fuhren, befanden sich ein Colonel Rose und seine Familie.

Sie wohnten, wie wir, im Nyali-Camp.

Am zweiten Morgen erschienen ihre Tochter und der Sohn und fragten, ob Suzanna mit ihnen schwimmen gehen dürfe. Also nahm ich alle drei Kinder mit zum Strand.

Sie gaben Suzanna einen riesigen Wasserball, und während ich am Strand saß und strickte, spielten die Kinder damit im Meer. Ich schaute immer wieder auf und sah, dass Suzanna oben auf dem Ball lag und mit ihren winzigen 23 Fuß auf ihm paddelte. Ich strickte beruhigt weiter.

Als ich wieder einmal aufsah, war da der Ball und keine Suzanna! Ich schrie wie eine Verrückte, um alle in Sichtweite zu alarmieren. Dann stürzte ich selbst ins Wasser, und es gelang mir, meine Tochter zu finden und zurückzubringen.

Sie war mit dem Ball ins Tiefe gepaddelt und konnte mit ihren vier Jahren doch noch nicht schwimmen!

Seltsam, dass dieses Beinahunglück an dem langen gelben Strand von Nyali doch noch geschah. Es war lediglich nicht Rosa, vielmehr waren es die Roses mit denen es passierte!

Ich kam zu dem Schluss, wie dumm es gewesen war, mich über meine schlimmen Träume so aufzuregen. Außerdem hatte ich Rosa Unrecht getan …

Die Georgic brachte uns über Port Said zurück. Dort nahmen wir noch die Wachbrigade an Bord. Es hat Spaß gemacht, sie bei uns zu haben. Sie verwandelten den Salon in ein Casino, und wir spielten jeden Abend Roulette.

Als wir in Liverpool anlegten, befanden sich die Hafenarbeiter im Streik. Truppen mussten das Schiff entladen.

Ich sah aufmerksam zu, wie das Gepäck auf eine Rampe verladen wurde, aber an deren Ende fiel es einfach runter.

Ich befürchtete zu Recht, dass eine Menge zerbrechen würde. Als ich auspackte, sah ich das Malheur.

Preston, Lancashire 1955–1957

Unter ihren Freunden und Bekannten in der Heimat hatte sich viel getan: Judith hatte Richard Braw geheiratet, und sie lebten in dem bezaubernden Örtchen Coggleshall Abbey in Essex.

Cocker, der Witwer von Blue, bewies sich als lebenstüchtig.

Er fand mit Laurie Newton-Sharp eine zweite Liebe.

Später heirateten sie sogar. Laurie war Geschäftsführerin von Harrods.

Unseren ersten Urlaub teilten wir auf. Zunächst waren wir bei meinen Eltern auf der Isle of Wight und dann bei Cocker nahe Berwick in Essex. Erst danach machten wir uns auf den Weg nach Preston, wo Geoff A.D.M.S. North West District werden sollte.

Das G.H.Q. befand sich in Fulwood-Barracks, mitten in der Stadt. Aber das Verteidigungsministerium besaß auch die Cuerden-Hall in Bamber Bridge, ein paar Meilen außerhalb von Preston-Liegenschaften. Der Besitz lag in einer wunderschönen Landschaft.

Dort wohnten der General und alle höheren Offiziere.

Das Hauptgebäude war in zahlreiche Wohnungen aufgeteilt. Bei der Ankunft wurde uns mitgeteilt, dass die Wohnung, die unser Zuhause sein sollte, zunächst renoviert würde, und wir fürs Erste in das Butlers Cottage einziehen müssten.

Dieses kleine Häuschen hatte drei Schlafzimmer, ein Badezimmer, ein Wohnzimmer, ein Esszimmer und eine Küche. Daneben befand sich eine Koppel, auf der ein Schuppen stand.

Wir fragten uns, warum wir überhaupt in eine Wohnung im Haupthaus ziehen sollten. Dieses Ensemble passte viel besser zu uns. Wir fragten, ob wir für unseren Aufenthalt nicht dortbleiben könnten.

Gott sei Dank gab es keine Einwände.

Wir kamen zur Freude unserer Mitbewohner mit einem riesigen Schinken an, den wir aus Kenia mitgebracht hatten. Der Postbote kam schon am nächsten Morgen mit einem weiteren.

Der indische Feinkostladen lieferte schneller, als uns das Gras unter den Füßen wuchs!

Bevor wir Zeit hatten, die Schinken aufzuessen, kam ein Dritter. Der Inder hielt sein Versprechen. Es kam einer nach dem anderen!

Dann stellten wir auch noch fest, dass wir beim Metzger in Bamber Bridge ebenfalls Schinken bekommen konnten.

Die Rationierung war vorbei!

Wir schrieben nach Kenia und baten: »Bitte, hört auf.«

Aber es dauerte noch ein paar Monate und ein paar weitere Schinken, bevor sie unserer Bitte Folge leisteten.

Ich kenne übrigens durch diese Erfahrung mehr als 50 Rezepte für die Zubereitung von Schinken! …

Unsere Ankunft fiel mit der Ernennung eines neuen Generals für den N.W.-Bezirk zusammen.

Wir waren maßlos überrascht, dass es Pat Scott wurde, der Brigadier, den wir in Kenia zum Fischen mitgenommen hatten.

Er kam mit seiner Frau Biddy. In den Schulferien kamen noch seine entzückenden Töchtern Fiona, Carol und Bridget zu Besuch. In dieser Zeit wurden wir zum Mädchenhaus, sie »adoptierten« nämlich Suzanna, verkleideten sie und nahmen sie mit auf ihre Exkursionen.

Biddy wusste viel über Pferde. Sie brachte aus Irland ein Pony mit, auf dem ich manchmal reiten durfte.

Schließlich kam ein alter Freund von Geoff hinzu, Jack Slade-Powell, ein Brigadegeneral. Die beiden waren vor dem Krieg zusammen in Bangalore gewesen.

Als Geoff der Meister für die Jagdhunde war, war Jack seine »Peitsche«. Jack brachte sein Pferd Simon mit, und ich konnte es reiten, wann immer ich wollte.

Jacks Frau kam nicht mit. Also ist er in ein »A- Klüngel« gezogen, in dem vier andere »Junggesellen« lebten.

Geoffs Bursche hieß nun Rob Parrott und war der beste, den wir je hatten. Er hatte einen Zwillingsbruder namens Roy.

Der half beim Servieren und Abwaschen, wann immer wir eine Dinnerparty hatten.

Die beiden genossen diese Gelegenheiten, denn sie durften alles essen, was übrigblieb. Das war allemal besser, als in der Kaserne zu essen.

Ihre große Vorliebe war *Baked Alaska*. Ich brachte ihnen bei, wann sie das in den Partynächten in den Ofen legen mussten. Hinterher warteten sie gierig auf die Reste.

Sie beteten, dass unsere Gäste ja nicht zu viel davon aßen.

Einmal fühlten sie sich fast um ihr Glück betrogen.

Am Abend vor der Hochzeit der Tochter unserer Freunde, der Thatchers, gab es eine große Dinnerparty.

Der Bräutigam und der Trauzeuge George wohnten bei uns. George hatte mehr als nur einen gesunden Appetit.

Er konnte immer von jedem Gang eine zweite Portion zu sich nehmen. Suppe, Fisch, Fleisch, und dann kam der gebackene Alaska-Pudding. Natürlich wollte er auch davon eine zweite Portion …

Ich stellte meinen Fuß auf den Ball unter dem Esstisch, der in der Küche anzeigte, dass der Pudding gebracht werden solle. Niemand erschien.

Ich klingelte noch einmal und erhielt wieder keine Antwort. Da stand ich auf und ging in die Küche. Die Jungs machten gerade den Abwasch.

»Bringt den gebackenen Pudding rein«, sagte ich. Sie sahen mich ziemlich verlegen an und antworteten: »Das können wir nicht. Wir haben ihn aufgegessen!«

Rob war der ältere der beiden, aber der kleinere. Deshalb musste Roy die Missetat durch Strafarbeiten ausbaden.

Manchmal gingen wir im Sommer freitagabends mit Rosemary und Henry Hall Grundangeln. Wenn wir nichts fingen, riefen wir auf dem Heimweg im örtlichen Fish & Chip-Laden an. Der Zeitpunkt fiel meist mit dem Schließen des Kinos zusammen, und wir fanden unsere Burschen an der Spitze der Warteschlange. Sie warteten auf ihr Abendessen. »Haben Sie etwas gefangen, Herr?«, war ihre erste Frage.

Als ihr Zivildienst vorbei war, und sie wieder in das normale Leben zurückgekehrt waren, erhielt ich einen Brief von ihrer Mutter. Sie dankte mir dafür, dass ich mich um ihre Jungen während der Army-Zeit gekümmert hatte.

Als wir später zurückgezogen in Devon lebten, kamen die Parrott-Jungen und ein Freund im Sommer, um bei uns ihre Ferien zu verbringen. Sie bauten ihr Zelt im Obstgarten auf und halfen wirklich bei allem. Es ist schade, dass wir den Kontakt zu ihnen verloren, als wir nach Dominica zogen.

Von den Thatchers, die Cairn-Terrier gezüchtet haben, erstanden wir einen entzückenden Welpen, den wir Flunkey nannten.

Ein Jahr später schenkten wir Suzanna an ihrem Geburtstag eine große Pappschachtel. Sie nahm schon voller Seligkeit an, sie sei mit Toffee-Äpfeln gefüllt, löste die Schnur und zu ihrem Erstaunen schaute ein weiterer kleiner Cairn-Welpe heraus. Diesmal war es eine Hündin. Wir nannten sie Abigail. Nun hatten wir einen »Diener« und eine »Magd« in Butlers Cottage.

In der Nacht vor dem Derby 1955 hatte ich einen sehr lebhaften Traum.

Im Lady-Derby startete ein Pferd namens Akropolis, das ein heißer

Favorit war. Ich träumte, ich sei auf der Rennstrecke, und hatte den Ablauf des Rennens vor Augen.

Als Akropolis durchs Ziel kam, lag sie nur auf dem dritten Platz.

Als Geoff am frühen Morgen mit dem Tee hereinkam, den machte er immer für mich, erzählte ich ihm von meinem Traum. Er sagte: »Es ist mir egal, welches Pferd Dritter wurde. Welches wurde Sieger?« Meine Antwort kam zögerlich: »Ich kann mich nicht erinnern, aber ich glaube, der Name des Siegpferdes begann mit einem F.«

Geoff holte den »Telegraph«, setzte sich auf das Bett und ging die startenden Pferde durch. »Das ist nicht gut«, murmelte er. »Es läuft kein Pferd, dessen Name mit einem F beginnt.« Schlussendlich gewann Phildrake mit 16:1 und Akropolis wurde wirklich Dritter!

Wir lernten auch Eric und Joanna St. Johnstone kennen. Eric war der Chief Constable von Lancashire. Sie lebten in Longbridge, und Eric züchtete unter anderem chinesische Gänse. Er schenkte mir zwei. Sie sollten das Gras in unserem Garten kurzhalten. Sie machten allerdings schon morgens früh schreckliche Geräusche. Unsere Bürgermeisterin, Frau Crisp-Jones, wohnte in Hörweite. Sie schickte uns einen Brief und beschwerte sich über den Lärm, der sie so früh aufweckte.

Wir freuten uns immer, wenn Eric uns zu einem Rennen einlud. Er hatte sowohl in Aintree als auch in Haydock Park eine eigene Box. Ihr Rolls-Royce mit einem Polizeimotorradfahrer als Begleiter brachte uns bis zur Rennstrecke.

Einmal saß Robert Morley am Nebentisch und aß zu Mittag. Wir hatten ihn eine Woche zuvor mit Margaret Rutherford in einem Theaterstück in Blackpool gesehen. Geoff konnte es sich nicht verkneifen, ihm zu erzählen, wie sehr wir das Stück genossen hatten. Der Schauspieler freute sich wie Bolle.

Durch die St. Johnstones traf ich auch auf Philomena de Hoghton, die die zweite Lady de Hoghton wurde. Sir Cuthbert hatte sie geheiratet, als er über 60 war, und sie erst 19.

Die Heirat hatte damals einen ziemlichen Skandal ausgelöst.

Sie bekamen noch einen Sohn und nannten ihn Bernard. Philomena war immer zu Scherzen aufgelegt, und wir spielten manchmal Squash zusammen.

Als Joanna und ich in Preston einen Singer-Nähmaschinenkurs besuchten, kam Phil hinzu. Sie lud uns eines Abends zum Abendessen in den Hoghton Tower ein. Ich war sehr beeindruckt von diesem alten Gemäuer.

Henry VIII soll hier so von dem Rindersteak aus dem hinteren Ende des flachen Roastbeefs begeistert gewesen sein, welches er zum Abendessen bekam. Er gab ihm deshalb den Ehrennamen Sirloin.

Drei der Offiziere im »A«-Klüngel, Peter, Bossy und Jack, zusammen mit unserem General »Pat«, Tom Fawkes und Geoff beschlossen, eine kleine Schießbahn anzumieten.

Sie hatte den Namen Cloverdale und befand sich neben Lord Seftons Anwesen. Der Lord hatte eine der größten »Shootings« in England.

Ich ging mit Geoff zu seinem Kommissionär und kaufte von ihm einige befruchtete Fasaneneier. Sie wurden unter Bruthennen gelegt. Die Küken sollten nach ihrem Schlüpfen von den Jungen im »A«-Klüngel so lange betreut werden, bis sie groß genug für den Abschuss waren.

Es hat ganz gut funktioniert. Im Herbst hatten wir unser erstes Schießen. Wir waren alle froh, draußen zu sein. Die Frauen gaben den Takt vor. Wir wählten dafür den Tag, an dem auch bei Lord Sefton geschossen wurde.

Damit bestand die Möglichkeit, dass die Vögel, die bei ihm davonkamen, in Cloverdale landeten. Diese Hoffnung war natürlich ein wenig frech.

Suzanna besuchte mit Sylvia die Tagesschule Woodlands in Preston. Sylvia war die Tochter des Bürgermeisters. Sie lebte in einem der neuen Viertel, die in unsere Nähe gebaut worden waren, und hatte erhebliche Gewichtsprobleme.

Mit sechs Jahren war sie fast so rund wie hoch.

Geoff brachte die beiden Mädchen am Morgen auf seinem Weg nach Fulwood in die Schule. Am Nachmittag kamen sie mit dem Bus zurück. Die Bushaltestelle war ungefähr eine halbe Meile von unserem Wohnort entfernt. Manchmal ging Parrott hin, um sie abzuholen. Er trug Suzanna dann oft auf seinen Schultern nach Hause.

Eines Tages sagte sie: »Jetzt ist Sylvia an der Reihe.«

Armer Parrott!

Er entschuldigte sich hinterher bei mir, denn er hatte es nicht geschafft. »Sylvia war zu schwer«, meinte er zerknirscht.

Wir kauften uns einen Wohnwagen und brachten ihn zu einem Bauernhof in Abergele in Nordwales.

Wir wollten unsere Wochenenden darin verbringen und in den schönen Flüssen wie dem Dee und dem Conway angeln. Suzanna und ich holten dann Geoff freitagnachmittags in der Kaserne ab und machten uns auf den Weg nach Wales.

Wir konnten den Wohnwagen an unseren Wagen ankuppeln und zu dem Fluss bringen, den wir befischen wollten.

Meist kehrten wir erst sonntagnachmittags nach Abergele zurück.

John und Patricia kamen mit Heather und Joanna Anfang 1956 zu Besuch. Wir hatten zehn großartige Tage zusammen.

Wir sahen »Cinderella« in Manchester. Harry Secombe spielte den Buttons. Es war ein Riesenspaß.

Wir fuhren auch zur Vergnügungsmesse nach Blackpool und haben dort viel gelacht. Abends ging es wieder zurück, und wir sahen ein weiteres Theaterstück.

Wir besuchten mit ihnen Gilbert und Betty Collins, die nun in Lancashire lebten.

Beim Mittagessen sprachen wir viel über unsere gemeinsamen Tage in Nigeria und Kenia.

John war gerade nach Sierra Leone versetzt worden.

Ihre Mädchen blieben in England im Internat. In den Sommerferien durften sie ihre Eltern in Sierra Leone besuchen. Für die kürzeren Osterferien war der Weg jedoch zu weit. Patricia fragte, ob sie zu uns kommen dürften.

Wir haben freudig zugestimmt. Es sollte wie in alten Zeiten werden. Schließlich hatten sie zuerst in Catterick und dann in Nairobi bei uns gelebt.

Sie kamen im April und hatten ein volles Programm.

Die Scott-Mädchen waren auch in den Ferien zu Hause und schlossen sich der Rasselbande an. Sie kamen gut miteinander aus. Als wir einmal zusammen in Preston einkaufen waren, stellte ich Heather auf dem Rückweg eine Frage auf Suaheli. Sie antwortete automatisch *sijvi*, was auf Suaheli »Ich weiß nicht« bedeutet. Wir haben beide schallend darüber gelacht.

Wie ich schon sagte, wettete ich immer gerne auf Pferde.

Als ich das nächste Mal die Starterliste durchsah, fiel mein Augenmerk auf ein Pferd namens *Sijvi*.

Ich konnte es kaum fassen. Sofort rief ich Barker Bleasdale, den Buchmacher, an und setzte fünf Pound auf Sieg.

Das Pferd gewann wirklich, und zwar mit der Quote 20:1.

Die Mädchen kauften eine Schallplatte und machten Party!

In diesem Jahr hatte ich ziemlich gute Wettergebnisse.

Unter meinen Gewinnern befanden sich *Treetops Hotel*,
African Prince und *Kilidini*. Sie hatten komischerweise alle einen Bezug zu dem Teil der Welt, den wir gerade verlassen hatten …

Im Oktober rief Biddy Scott an und bat uns zum Abendessen.

Sie hatte einen V.I.P. zu Besuch, der gerne Bridge spielte, und brauchte mich als vierten Spieler.

»Bring Geoffrey ruhig mit«, sagte sie. »Er kann ja ein Buch lesen.«

Nach dem Abendessen gingen wir zu dem Spieltisch, aber Pat Scott stoppte unser Vorhaben. Es war die Nacht, in der die Suezkrise begann.

Großbritannien, Frankreich und Israel standen Ägypten feindlich gegenüber. Auslöser war die ägyptische Verstaatlichung der mehrheitlich britisch-französischen Suezkanal-Gesellschaft. Der Präsident Ägyptens, Gamal Abdel Nasser, löste sie aus.

Wir spielten also nicht. Diese Krise war von zu weitreichender Bedeutung. Anthony Eden begann gegen 21 Uhr mit einer Radiosendung, und wir lauschten allen eingehenden Nachrichten. Wir hatten Geoff ganz vergessen, der auf dem Sofa tief und fest schlief. Er schnarchte dann aber so laut, dass es uns schwerfiel, überhaupt zu verstehen, was Eden berichtete …

Zu unserer Freude erfuhren wir, dass nicht nur die Whistlers von der Gold Coast zurückgekehrt waren und sich nun in Chester befanden, sondern auch die Smarts sowie Dennis und Daphne, die mit uns in Accra gewesen waren.

Wir besuchten Chester mehrfach und übernachteten gerne bei den Smarts, wenn wir ins Ballett oder ins Theater gingen. Sie stellten uns Paddy und Barbara Dunseath vor, die im Begriff waren, nach Somerset umzuziehen. Auch sie wurden gute Freunde, als wir alle wieder im Zivilleben waren.

Jennifer kam ebenfalls vorbei. Wir waren sehr froh, dass sie mit einem sehr netten Schotten namens Hugh McKay verlobt war. Er gehörte zu einem der schottischen Regimenter.

Sie heirateten einige Monate später, und Suzanna wurde ihre kleine Brautjungfer. Die Hochzeit fand in dem wunderschönen Eton Hall statt, dem Familiensitz des Herzogs von Westminster. Das Fest war großartig.

Ich war froh, dass Hugh es überhaupt zum Altar geschafft hat. Bei dem Pferdespiel, das sie während seines Junggesellenabends gespielt hatten, hielten es seine Kollegen für eine gute Idee, einen Abdruck von ihm an der Zimmerdecke zu hinterlassen. Nachdem sie seinen Hintern mit genügend unauslöschlicher Farbe eingeschmiert hatten, warfen sie Hugh in die Höhe und auf dem Weg wieder nach unten schlug er mit seinem Kopf auf eine Diele. Man konnte von Glück sagen, dass er nur eine kleine Gehirnerschütterung hatte.

Für uns als Engländer aus dem Süden war Blackpool eigentlich ein Music-Hall-Witz. Aber als wir entdeckten, was die Stadt bot, gingen wir oft dorthin. Es war insbesondere der angesagte Platz, wenn wir Gäste hatten. Wir haben dort mit Freunden viele Shows besucht, die dort sogar eher hinkamen als nach London

Geoff war plötzlich überzeugt, dass alle Kinder der Landarbeiter im Herbst die elf Kilometer langen Lichterstraße sehen sollten. Er schätzte falsch ein, was das für ein beschwerliches Unterfangen werden würde. Fünf kleine Jungen und genauso viel Mädchen, die zu unterschiedlichen Zeiten auf die Toilette gehen wollten! Stundenlang mit ihnen im Stau stehen! Als er ihnen schließlich ein Eis kaufen wollte, waren zwei schon krank. Er kehrte sehr spät und erschöpft nach Hause zurück.

Sara Skinner kam 1955 zu Besuch, um über das Grand-National-Rennen zu bleiben. Aber es wurde ein schrecklicher Tag. Nass und kalt war es, und das hat uns überhaupt nicht gefallen.

Dann, 1956, kamen Judith, Richard, ihr Baby Charlotte und die Boxerhündin Nina aus gleichem Grund vorbei.

Wir platzierten uns immer am Canal Turn. Von dort aus hatte man einen besonders guten Blick, wenn die Pferde von Bechers Brook herankamen. Unsere Pferde stürzten, doch das ließ uns gleichgültig. Es stand sowieso fest, dass Devon Cottage, das Pferd der Königsmutter, gewinnen würde. Die Menge brüllte wie verrückt und jubelte ihm entgegen. Dann plötzlich, 50 Meter vor dem Ziel, wurde es dramatisch. Devon Cottage glitt aus, rutschte, sprangen kurz wieder in die Höhe und fiel endgültig hin. Keiner wusste, was passiert war. E.S.B. gewann.

Ich bezweifle, dass Judith sich damals vorstellen konnte, dass ihr Baby, das in Obhut eines Kindermädchens in unserem Haus lag, 18 Jahre später als erste Frau an diesem Rennen teilnehmen würde. Ihr Pferd sollte den Namen Bryony Court tragen.

Einen Tag spielte Geoff den Babysitter, und ich fuhr mit Judith und Richard nach Blackpool, um eine Show zu sehen. Als wir am Jahrmarkt vorbeikamen, sagte Richard: »Komm, lass uns auf die Achterbahn gehen.« Ich hatte mir geschworen, niemals damit zu fahren. Aber bevor ich es endgültig ablehnen konnte, hatte Richard schon die Fahrscheine gekauft, und wir saßen in diesem Monster. Judith regierte immer über Richard mit eiserner Hand. Wir fuhren die erste Steigung hinauf und rasten die nächste hinunter. Als wir die zweite wieder hinauffuhren, rief sie: »Richard, das gefällt mir nicht, sag ihnen, sie sollen aufhören!« Damit hatte sie jedoch keinen Erfolg, Richard konnte dieses Mal nichts machen …

Später im Jahr, als sie in den Ferien nach Frankreich wollten, gaben sie nicht nur Charlotte in unsere Obhut, sondern auch ihren Boxer Nina. Rob Lovay, der Personal Assistent des Generals, wurde ihr Favorit. Als wir sie eines Morgens aus dem Haus ließen, rannte sie zu seiner Unterkunft und weckte ihn stürmisch auf.

Für unsere Mühe, mit dem Baby und dem Boxer, versprach uns Judith einen Welpen, wenn Nina trächtig würde.

Im Juli 1956 wurden wir zu einer Gartenparty im Buckingham Palace eingeladen. Zu diesem denkwürdigen Anlass hatte ich ein neues Kleid, einen neuen Hut und neue Schuhe gekauft. Der frühe Nachmittag wurde wunderschön. Wir trafen viele alte Freunde. Wir aßen gerade Lyoner Schokoladenkuchen, als sich Königin, Königinmutter und Prinzessin Margaret unter die Menge mischten.

Später am Nachmittag, als der Empfang bereits vorüber war, fing es an zu regnen. Wir liefen mit den anderen Gästen in den Verabschiedungsraum und warteten, dass die Autos aufgerufen wurden. Meine Füße schmerzten in meinen neuen Schuhen nach all dem Stehen furchtbar. Schließlich schlüpfte ich im Sitzen mit meinem rechten Fuß, der am meisten schmerzte, einfach aus dem Schuh. Dann kam das Auto, und zu meinem Entsetzen stellte ich fest, dass ich meinen Schuh nicht mehr anbekam. Mein Fuß war zu sehr geschwollen. Ich fühlte mich sehr verlegen, als ich halb barfuß hinaushumpeln musste.

Anfang 1957 verdichtete sich bei mir das Gefühl, Geoff beabsichtige, die Armee zu verlassen, solange er noch jung genug war, um einen anderen Beruf als den des Armeearztes zu ergreifen.

Nachdem er in Kenia die Hühnerfarm der Taylors gesehen hatte, war ich mir sicher, so etwas könnte ihn auch interessieren, wenn er in Rente ging.

Die Taylors arbeiteten mit der Matratzeneinstreumethode.

Im Gegensatz zur Wechselstreumethode blieb dabei eine dauerhafte Schicht aus Einstreu im Stall.

Täglich wurden lediglich die festen Ausscheidungen abgemistet und durch eine dünne Schicht frischen Einstreus ersetzt.

Wir wussten gar nichts über Hühner, deshalb mussten wir alles Wichtige lernen.

Wir kauften fürs Erste ein Dutzend Legehennen, die wir in einem Schuppen auf der Koppel hielten.

Nachdem Geoff seinem Vorgesetzten mitgeteilt hatte, dass es seine Absicht sei, in den Ruhestand zu treten, erhielt er die Berechtigung, auf Kosten der Armee einen beliebigen Kurs zu belegen, der ihm im zivilen Leben weiterhülfe.

Er entschied sich für eine Ausbildung bei einem in Preston lebenden Gärtner, der ihm beibrachte, wie man Obst, Blumen und Gemüse anbaut und wie man das verpackte und verkaufte. Der Gärtner verkaufte einen Großteil seiner Produkte auf dem Markt von Bury, und es gehörte zu Geoffs Ausbildung, jeden Samstagmorgen mit dem Schubkarren zum Markt zu fahren. Dort musste er die Kunden überzeugen, seine Anemonen, Osterglocken, Salat und was er sonst noch hatte zu kaufen. Dazu wurde er mit einem großen Gin ermuntert.

Alle seine Freunde lachten bei dem Gedanken, Geoff würde zum Schubkarrenjungen mutieren, der einen warmen englischen Filzhut trug.

Dann galt es zu entscheiden, in welcher Gegend Englands wir leben wollten. Wir dachten beide sofort an die Grafschaft Devon. Hier sorgte im Winter der Golfstrom dafür, dass es nicht allzu kalt wurde.

Da es bestimmt beträchtliche Zeit in Anspruch nehmen würde, ein passendes Haus zu finden, beschlossen wir, Suzanna in einem Internat in Chagford einzuschulen.

Sie sollte den Schulbesuch nicht verpassen, wenn wir auf Haussuche durch die Gegend fuhren.

Für die Übergangszeit wohnten wir in unserem Wohnwagen auf dem Land eines Freundes im nahen Drewsteignton.

Heather und Joanna verbrachten noch einmal die Osterferien bei uns, doch Ende April zogen wir um nach Drewsteignton, um bei Geoffs altem Freund P.C. Menindin aus Indien zu bleiben.

Suzanna kam in die Obhut von Holystreet. Das Haus wurde von Rev. Ruegg und seiner Frau geführt.

Auf dem Weg dorthin telefonierten wir mit Snaffles und seiner Frau Lucy, um sie in Tisbury zu besuchen.

Suzanna blieb für die Nacht bei ihnen, während wir in den örtlichen Pub gingen. Am nächsten Morgen, als wir unsere Tochter abholen wollten, tanzte sie mit Trense in der Küche. »Komm und küss mich zum Abschied«, meinte Lucy, worauf Suzanna antwortete: »Ich küsse nicht sehr gern!«

Wir machten eine Woche Jagd auf ein neues Zuhause. Schließlich fanden wir eines. Es hatte mit sechs Morgen Land so viel Grund und Boden, wie uns vorschwebte. Es lag in Loddiswell, ein paar Meilen landeinwärts von Kingsbridge, und befand sich am Fuße der Salcombe-Mündung.

Es sah aus wie ein großer Kolonialbungalow und hatte ein geräumiges Wohnzimmer, ein großes Esszimmer,
fünf Schlafzimmer, zwei Badezimmer, einen Wintergarten, eine Küche, Nebengebäude usw.

Es war in gutem Zustand, aber das Land brauchte viel Pflege.

Der Vorbesitzer hieß General Sir Lewis Tollemache Halliday. Er bekam das Victoriakreuz beim Boxeraufstand.

Wir baten Bill Foster, einen sehr bekannten Immobilienmakler in Portsmouth, das Anwesen für uns zu kaufen. Noch einmal ging es für einen Monat nach Preston und Chester zurück, um richtig Abschied zu nehmen. Wir hatten hier für zweieinhalb Jahre ein gutes Auskommen. Deshalb war es mit viel Trauer verbunden, von so vielen guten Freunden Abschied zu nehmen, von den Scotts, den Sheans, den St. Johnstones ...

Wir trösteten uns damit, sie würden uns in unserem neuen Zuhause besuchen. Dort wollten wir sie von Herzen gerne begrüßen. Joanna St. Johnstone und Tochter Harriet waren immerhin im Laufe der Jahre zweimal zu Gast.

Devon Juni 1957–März 1962

Am 1. Juni 1957 zog sich Geoff nach über 30-jährigem Dienst aus der Armee zurück. Wir machten uns mit all unserer Habe als Karawane von Preston auf den Weg nach Loddiswell.

Wir hatten Flunky, Abigail und sechs Hennen dabei!

Auf den Einzug mussten wir dann allerdings noch einen Monat warten und auf dem Gelände von PC in Drewsteignton Zwischenstation machen.

Bill hatte zwar das Haus für uns gekauft, aber wir konnten erst am 1. Juli einziehen …

Als wir entdeckten, dass unser Zuhause einmal The Cottage hieß, beschlossen wir, es wieder so zu nennen. Der Name gefiel uns und passte.

Wir hatten schnell Kontakt zu den Nachbarn, die am Ende der Gasse wohnten. Godfrey und Roly leiteten die Pfarrgemeinden. Sie hatten drei Kinder – Charles, Lavinia und Ursula. Sie wurden wundervolle Spielkameraden für Suzanna. Charles und Lavinia waren im gleichen Alter wie unsere Tochter, und sie gingen später zusammen in die Sonntagsschule.

Kaum waren wir eingezogen, begannen Suzannas Sommerferien. Es war schön, sie wieder zu Hause zu haben. Nach den Sommerferien kehrte Suzanna nicht nach Holystreet zurück. Wir hatten in Salcombe eine Privatschule gefunden, in der sie als Tagesschülerin gehen konnte.

Sie fuhr mit anderen Schülern täglich mit dem Bus von und nach Kingsbridge. Es hat immer gut geklappt.

Aber einmal, als nachmittags ein gewaltiger Schneesturm einsetzte und kein Bus und kein Auto mehr durchkam, geriet ich in Panik. Ich hatte schon so lange vergeblich auf Suzannas Rückkehr aus der Schule gewartet und konnte nur noch beten.

Irgendwann kam dann doch ein Land-Rover herangerutscht und brachte die Mädchen. Es war reines Glück, dass der Mann durchgekommen war. Gottlob gab es so ehrliche, mutige Männer, die ein solches Wagnis noch auf sich nahmen …

Suzanna blieb drei Jahre in der Schule, aber wir waren nicht zufrieden mit dem Bildungsstandard.

Als sie 1960 zehn Jahre alt wurde, befanden wir es als besser, sie wieder ins Internat zu schicken.

Nachdem wir verschiedene Schulen in der Nähe angeschaut hatten, entschieden wir uns für Glendower in Sydenham auf der anderen Seite des Moores. Es war eine hervorragende Schule in einer wunderschönen Umgebung.

Suzanna begann als Internatsschülerin nur während der Arbeitstage. So machte ich mich jeden Freitagnachmittag auf den Weg über Dartmoor, um sie nach Hause zu holen.

Am Montag bei Tagesanbruch fuhr ich sie zurück.

Sie war glücklich dort und blieb, bis wir nach Dominica verzogen.

Manchmal fuhr ich über Thurlestone und besuchte Hope Cove. Ich schaute auch bei den Fischern vorbei, die dort ihre Krabbentöpfe zur Schau stellten.

Schon für kleines Geld konnte ich eine riesige Krabbe kaufen.

Die Fischer brachten mir bei, man solle eine Krabbe töten, bevor sie gekocht wurde. Am besten sei es, ihr mit einem Dorn durch den Bauchnabel zu stechen, um sie dann austropfen zu lassen. Einen Hummer hingegen solle man lebend kochen.

Zwischen der Gemeinde und uns befand sich eine Farm, die den Harveys gehörte. Das ehemalige Pfarrhaus, jetzt Farmhaus, wurde von einem Engländer namens Ward und seiner französischen Frau bewohnt. Das Paar lebte mit Stieftochter und Schwiegermutter zusammen.

Beatrice, die Tochter, war ein bezauberndes Mädchen von ungefähr 19 Jahren. Als wir uns eingerichtet hatten, besuchte sie uns häufig und gab Suzanna Französischunterricht.

Als sie später heiratete, war Suzanna eine der Brautjungfern.

An der etwa 1,6 Kilometer entfernten Topsham Bridge wohnten Peter und Veronica Hawker in einem traumhaften Cottage. Es lag direkt am Fluss Avon, auf dem sie eine halbe Meile Fischereirechte hatten. Ein weiteres Hobby von Geoff und mir war also gut abgedeckt!

Ihre Tochter Annabel konnte mit fast zwei Jahren noch nicht sprechen. Peter meinte in seiner leicht sarkastischen Art, sie würden sie nicht dazu ermutigen, weil sie befürchteten, sie würde dann mit dem Reden nicht mehr aufhören.

Wie sich später zeigte, hatten sie damit recht!

Die Hawkers wurden unsere besten Freunde. Peter und Geoffrey gingen jeden Mittag in den Pub, um die Welt zu verbessern …

Neben Peter und Veronica hatten wir gute Freunde in Joan und Robbie Robinson, die in Kingsbridge bauten, nachdem sie aus Argentinien zurückgekommen waren. Sie hatten drei Söhne, Patrick, Jonathan und Voo (Wilfred).

Später, als die Wards das Pfarrhaus verkauften, wurde es von Lord Rufus Hoel-Buxton ersteigert. Er war Peters Cousin.

Er mit seiner Frau Meg, die aus Südafrika stammte, Matt und Simon, zwei Jungen im Teenageralter, und Richard und Clare, im Alter von Suzanna, wurden unsere neuen Nachbarn. Suzanna hatte nun noch mehr Freunde.

Rufus war nicht nur ein guter Künstler, sondern auch ein Exzentriker, der dazu neigte, nackt im Haus herumzulaufen.

Meg erklärte uns, dass sich die Bediensteten in Esher, wo sie zuvor gelebt hatten, daran gewöhnt hatten.

Rufus hat sowohl Geoff als auch Suzanna gemalt, und ich besitze immer noch das Gemälde von Suzanna.

Ich glaube, Rufus hat einmal versucht, die These zu beweisen, eine römische Straße verliefe unter der Themse. Er schrieb darüber sogar ein Buch mit dem Titel *The Westminster Water*. Wir waren viel zusammen. Rufus war immer sehr unterhaltsam und Meg ein Schatz.

Nachdem wir unser Land bearbeitet hatten, ließen wir unseren ersten großen Hühnerstall bauen. In ihm konnten 500 Legehennen untergebracht werden. Bald hatten wir vier Ställe.

Wir hatten uns auch eine Broody-Henne angeschafft, ein elektrisches Gerät, unter das wir die Küken stellten, bis sie groß genug waren, um in Schubladen auf der Koppel zu überleben. Dort blieben sie, bis sie in die Bodenhaltung und schließlich in die Legehäuser kamen.

In einer sehr kalten Nacht hörte die elektrische Bruthenne aus einem unbekannten Grund auf zu funktionieren. Am Morgen wurde ich mit dem Anblick der kleinen Körper begrüßt, die vor Kälte vermeintlich gestorben waren.

Ich schaufelte sie alle in einen Korb, eilte ins Haus und legte sie in den Bratofen. Es wurde eine unerwartete Rettungstat: Nach einer Weile erwachte zu meiner Freude erst ein Küken und immer wieder eins zum Leben.

Nicht alle wurden gerettet, aber ziemlich viele.

Ein weiterer schrecklicher Anblick traf meine Augen wieder an einem Morgen. Über das Feld verstreut lagen ungefähr 50 tote Legehennen. Anzeichen einer Verletzung konnte ich nicht feststellen. Bei genauerer Untersuchung sah ich dann doch, dass sie die Hälse gebrochen hatten. Ein Fuchs war über Nacht in die Ställe eingebrochen und hatte sie zum Spaß getötet …

Für Geoff wurde nun das Wichtigste ein Pferd zu kaufen. Vor unserer Haustür gab es drei Meuten Jagdhunde, die Dartmoors, die Modbury Harriers und die South Pooles.

Geoff konnte den November kaum erwarten. Dann wurde mit den jungen Hunden die Fuchsjagd geübt. Er war heiß darauf, dabei zu sein.

Wir hatten das Glück, die Peaks kennenzulernen. Bill Peak war der Hundeführer der Dartmoors. Seine Frau Lucy besaß eine Stute, die sie uns geben konnte. Sie entsprach nicht mehr ihren Anforderungen.

Das Pferd hieß Dinah, war eine Braune von etwas mehr als 16 Händen Höhe. Sie war wundervoll.

Das erste Mal, als ich sie bei einer Jagd mit den Dartmoors ritt, lag die Strecke sieben Meilen von unserem Zuhause entfernt. Im Laufe des Tages entfernten wir uns dann während der Jagd immer noch weiter von zu Hause.

Ich war schon eine Weile nicht mehr im Sattel gewesen.

Nach etwa vier Stunden fühlte ich mich ziemlich müde geritten. Ich sagte zu Geoff, ich wolle Schluss machen und nach Hause zurückreiten. Er solle aber ruhig weitermachen.

Ich kannte die Gegend nicht. Auf welchem Weg ging es nach Hause?

Ich ritt zurück in die Richtung, aus der wir vermeintlich gekommen waren. Dann war ich überzeugt, dass ich nach links abbiegen müsse, aber Dinah folgte mir nicht. Sie hielt ihren Kopf weiter nach rechts.

»Also gut«, gab ich nach, »du kennst die Gegend besser als ich, also bring mich nach Hause.« Und sie tat es wirklich.

Über Felder, kleine Wege, durch Höfe und Nebenstraßen ritten wir und standen plötzlich vor unserem Hintertor.

Dinah erwies sich als so großartig, dass wir ein Fohlen von ihr haben wollten, bevor sie dafür zu alt war. Sie hatte bei den Peaks schon zwei auf die Welt gebracht …

Wir vereinbarten mit dem örtlichen Landwirtschaftskomitee, dass ein Hengst namens Irish Dance sie decken solle.

Im Juli 1961 kam er eines Morgens in seiner Pferdebox an. Aber die Box passte nicht durchs Tor! Ein kleiner Mann mit Melone sprang aus dem Wagen, entriegelte die Rückseite der Box und ein prächtiger Fuchshengst sprang auf die Auffahrt hinunter. Der kleine Mann hielt ihn stoisch am Halfter fest, als Irish Dance auf die Pferdekoppel stürmte, wo Dinah wartete.

Sie war keine willige Braut und trat ihn mit hochstehenden Ohren und gebleckten Zähnen fest in seine Flanke.

Der Hengstbegleiter war entsetzt. »Sie ist nicht bereit«, meinte er. »Wir müssen noch einmal wiederkommen, wenn sie es ist.« Und weg waren sie wieder.

So warteten wir noch eine Woche. In der Zwischenzeit gingen die Anweisungen des Landwirtschaftsministeriums bei uns ein, wir müssten Dinah die Fesseln zusammenbinden und eine Haube über die Nase ziehen, wenn die Deckung erneut stattfinden solle. Also wartete unser armer Schatz an den Zaun gefesselt, mit Haube über der Nase, auf ihren Geliebten.

Irish Dance kam mit demselben Begleiter. Der war gewillt, die Paarung so zu überwachen, dass sie schadlos verlief.

Der Hengst blinzelte und trug Knieschützer. Von denen löste sich einer, als er gerade auf Dinah steigen wollte. Der kleine Mann zog den Hengst wieder herab und legte das Kniepolster wieder an.

Auch Irish Dance sollte unsere Stute nicht verletzen können!

Diesmal hatte Dinah keine Gelegenheit zu treten und zu beißen. Geoff sagte sarkastisch: »Wer mag das schon, gefesselt und mit verbundenem Maul?« Aber es funktionierte, und Dinah wurde schwanger.

Wir waren glücklich und freuten uns auf ein Fohlen im kommenden Juni …

Als wir Dinah bekamen, suchten wir auch ein passendes Pony für Suzanna. Wir hörten von einem Pferdehändler, der zwei Ponys zum Verkauf hatte, einen lebhaft aussehenden Schecken namens Streak und einen langweilig aussehenden kleinen Grauen.

Wir entschieden uns für den Schecken, hatten aber kein Glück mit ihm, sondern einen Monat lang Ärger vor Gericht.

Der Kauf war also eine unkluge Entscheidung gewesen.

Streak war erst ruhig, wenn sie gesattelt war.

Es war aber schwer, sie dafür einzufangen.

Zwischen Menschen erwies sie sich als Treter.

Wir banden ihr ein rotes Tuch um den Schweif, um davor zu warnen.

Schließlich tauschten wir den Schecken gegen das ruhige graue Pony.

Suzanna taufte es Sundew nach dem Grand-National-Sieger, den sie 1956 in Aintree gesehen hatte.

Sundew gab mit seiner ausgesprochenen Ruhe Suzanna viel Selbstvertrauen.

Als unsere Tochter der Grauen über den Kopf wuchs, liehen wir uns von Freunden Kupfer für sie aus.

Es war ein liebes walisisches Tier.

Wir hatten viel mit Jim und Stephie Morgan zu tun, die in Ivybridge das Farmen versuchten. Sie waren vorher Teepflanzer in Indien gewesen. Gilly, ihre Tochter, war fast so alt wie Suzanna und besuchte dieselbe Schule in Salcombe. Wir wurden auch bald gewahr, dass die Poes (ex Army), die mit uns in Kenia gewesen waren, nicht weit entfernt wohnten und John sich bei einem Bauern ausbilden ließ. Sie haben maßgeblich dazu beigetragen, dass uns Kupfer ausgeliehen wurde.

Mit Kupfer nahm Geoff Suzanna zum ersten Mal mit auf ein Jagdreiten. Als wir Kupfer nach etwa einem Jahr zurückgeben mussten, bekamen Suzanna die kleine Stute Flight.

Sie war 15 Hand hoch und war mitten im Moorgebiet aufgewachsen. Man hatte uns gesagt, sie sei nicht ganz zuverlässig, doch wir hatten keine Probleme mit ihr.

Auch mit Dinah verstand sie sich bestens.

Kleinere Unarten wurden mit der Zeit doch offenbar: Unsere Stute sprang immer gerne auf der Koppel über die Hecke und ermunterte wohl auch Flight, es ihr gleichzutun. Zweimal wurden wir in der Nacht angerufen, die beiden seien auf dem Weg nach Aveton Gifford gesehen worden. Es waren sehr kalte Nächte, in denen wir aufstehen mussten, um sie zu suchen und wieder einzufangen …

Suzanna ritt nun und jagte mit Flight.

Eines Morgens erlebte sie mit ihrem Vater und den Dartmoors das blutige Ende einer Jagd. Auch ihr wurde der obligatorische Bruch überreicht. Sie nahm ihn als kleinen Tröster in die Schule mit. Als sie in den Ferien wieder nach Hause kam, sah ich, dass der Bruch nur noch zur Hälfte vorhanden war und fragte sie, wieso. »Ich habe Mary eine Hälfte abgegeben«, antwortete sie, »sie reitet auch Jagden, bekam aber noch nie einen Bruch.« Unsere Tochter war eben ein Schatz.

Wenn ich an die Dartmoor-Jagden denke, erinnere ich mich daran, dass die Veranstalter jedes Jahr bei einer Verkaufsveranstaltung Geld zusammenbrachten.

Bei einer davon stand ein Dutzend Fächerschwanztauben zum Verkauf. Sie boten eine zauberhafte Schau auf dem Rasen, und ich kaufte sie. Wir mussten ihnen natürlich einen Taubenschlag bauen.

Um sie an die neue Umgebung zu gewöhnen, schlossen wir sie für zehn Tage im Wintergarten ein. Als wir dachten, sie wären nun umgewöhnt, öffneten wir die Tür. Doch sie flogen alle dorthin zurück, wo sie hergekommen waren …

Im darauffolgenden Jahr standen beim Dartmoor-Verkauf wieder Fächertauben zum Verkauf! Aber wir blieben brav bei unseren Hunden. Flunky und Abigail fühlten sich in ihrer neuen Umgebung schnell zu Hause. Es gab so viele Orte zu erkunden!

Und dann gab es doch einen Familienzugang: Judith Braw rief an und sagte, dass Nina Welpen habe.

Davon hatte sie mir einen versprochen. Also schickte sie ihn mit ihrer Kinderpflegerin zu uns. Die Frau kam aus Plymouth.

Das Hündchen war gerade mal neun Wochen alt, als es in unser Leben trat. Es war bezaubernd, und wir haben es Alice genannt, nach dem Lied Noël Cowards *Alice is at it again*.

Der Name ihrer Mutter Nina war auch nach seinem Song *Nina from Argentina* ausgewählt worden. Beide Lieder gehörten zu dem Album *In Las Vegas*, das zu dieser Zeit sehr populär war.

Alice schlief in einem alten Sessel an der Seite unseres Bettes. Aber als wir morgens aufwachten, schlief sie schon zwischen uns. Das war nicht schlimm, solange sie noch klein war.

Aber mit der Zeit wuchs sie, und ein großer Boxer, der sich immer noch zwischen uns klemmte, machte das Schlafen schwierig. Man konnte sich nicht umdrehen, ohne die Decken zu verlieren!

Alice verstand sich gut mit Flunky und Abigail, aber sie hatte eine noch größere Liebe zu einem unserer Hühner, das wir Mrs. Rufflebottom nannten.

Sie nahm dieses alte Mädchen am Hals hoch und trug es mit sich überall hin.

Das ging eine ganze Zeit lang gut, dann packte sie Mrs. Rufflebottom eines Tages etwas zu hart an. Ihre Zähne gingen geradewegs durch die Halsschlagader und beendete so diese innige Freundschaft.

Sie freundete sich auch mit dem Hund der Harveys an und besuchte oft deren Farm. Sie ist gut gebaut herangewachsen. Als sie ungefähr ein Jahr alt war, habe ich sie für die Paignton Championship Show - Puppy Class - angemeldet und mit ihr den 3. Preis gewonnen.

Dann gab es noch einen Wettbewerb - ich kann mich nicht erinnern, wo - , aber sie wurde disqualifiziert, weil sie den Ring zu früh verließ. Alice hatte etwas für Pudel übrig. Die wurden im Ring nebenan bewertet. Alice, die sehr stark war, beschloss, sich ihnen anzuschließen. Mich zog sie einfach mit!

Die Harveys waren nette Bauern, aber auf der anderen Seite von uns wohnte ein richtig böser Kerl – Anti-Jagd, Anti-Alles! Eines Tages rief er an und beschwerte sich, unsere Alice habe auf seinem Feld alle seine Schafe in eine Ecke gedrängt.

Ich solle sie sofort rausholen, sonst würde er sie erschließen.

Ich machte mich auf den Weg und fand sie auf dem ersten Feld und war fast in Reichweite, als sie auf das nächste Feld stürmte, ich hinter ihr her.

Als ich mich näherte, floh sie zum dritten Feld. Es dauerte eine Weile, bis ich es schließlich schaffte, sie zu packen und ihr eine ordentliche Tracht Prügel zu verabreichen.

Währenddessen flutschte sie aus ihrem Halsband und rannte erneut davon.

Ich wusste, dass es keinen Sinn hatte, ihr zu folgen und ging mürrisch nach Hause. Sie kam stundenlang nicht zurück. Es war schon dunkel, als der böse Bauer zu mir kam und behauptete, sie habe in seinem Stall einen Hahn getötet.

Den müssten wir ihm bezahlen …

Irgendwann kam Alice schuldbewusst durch die Hintertür geschlichen. Ich war mittlerweile so wütend auf sie, dass ich mit meinem Fuß den Pantoffel nach ihr schnippte.

Ich verrenkte mir zwar dabei meinen großen Zeh, aber der weiche Pantoffel machte keinen Eindruck auf sie.

Wir mussten einsehen, dass wir sie nicht bei uns behalten konnten. Sie wurde für die Bauern eine Bedrohung.

Als wir für ein Rennen zu den Smarts nach Chester fuhren, nahmen wir Alice mit.

Dort wollten wir versuchen, für sie in einer Army-Familie ein gutes Zuhause zu finden.

Zunächst sah es nicht danach aus:

Alte Armeefreunde luden uns nach dem Rennen zu einer Cocktailparty ein. So lange wollten wir Alice im Hause der Smarts nicht allein lassen.

Wir nahmen sie mit und ließen sie mit Wasser und Keksen in unserem großen Wagen zurück.

Es war kaum mehr als eine Stunde vergangen, bis das Rennen vorbei war und wir mit unseren Freunden genügend geredet hatten. Wir hatten wie immer am Canal Turn gestanden.

Als wir zum Wagen zurückkamen, hatte Alice, um freizukommen, die gesamte Lederpolsterung von der Tür gerissen.

Nun mussten wir auch noch die Cocktailparty überstehen!

Dort traf Geoff einen Mann, der gerade seinen Dobermann verloren hatte. Ihm stach der Boxer sofort in die Nase.

Als wir am nächsten Morgen nach Devon zurückkehrten, blieb Alice in Chester in einem Armeeviertel, weit weg von Feldern und Schafen! …

Wir waren sehr traurig, als sie zurückblieb. Aber wir waren uns auch im Klaren, dass dies die einzige Möglichkeit war, mit unseren Nachbarn weiter friedlich zusammenzuleben.

Inzwischen war Geoff zutiefst desillusioniert, Hühnerfarmer zu sein. Eher verbrachte er Zeit mit einer Agentur, die er für den Verkauf von Hühnerfarmgeräten ins Leben gerufen hatte. Nun musste ich mich allein mit dem Thema Eierproduktion beschäftigten und das Wohlergehen unserer Hühner garantieren. Auf Partys langweilte ich mich. Ich hatte es nur mit Landwirten wie uns zu tun, die über die Vor- und Nachteile von Thornbers 505 oder 404, die Nahrungsmittelumwandlungsrate und die Kosten für das Eierlegen diskutierten.

Eine weitere Facette unserer landwirtschaftlichen Aktivitäten wurde der Anbau von Frühsalat und Erdbeeren unter Abdeckungen. In unserem Teil von Devon war das Wetter aufgrund des Golfstroms etwas wärmer als im Durchschnitt, und wir konnten den Salat und die Erdbeeren darunter produzieren, bevor die großen Mengen den Markt überfluteten.

Es war mit Rückenschmerzen verbunden, sich über die Abdeckung zu beugen, entweder um Salat für den Markt zu schneiden oder um Erdbeeren zu pflücken.

Die Früchte schickten wir mit dem Nachtzug nach Birmingham, wo wir den besten Preis erzielten.

Jede Erdbeere musste perfekt sein. Je sechs oder acht wurden auf einem Strohbett in ein Körbchen gelegt.

Drei Jahre lang hat es gut funktioniert, aber im vierten befiel ein Käfer namens Carabid unsere Ernte. Obwohl er nicht die eigentliche Frucht fraß, sondern nur die Körnchen darauf, ruinierte er sie damit und machte sie unverkäuflich.

Dann waren da noch die Weihnachtsbäume!

Wir haben auf einem Teil des Feldes etwa 500 angepflanzt.

Sie wurden mit neun Zoll Höhe gekauft und in einem Feld von zwei mal zwei Fuß gepflanzt. Sie sollten jedes Jahr einen Fuß wachsen.

Nach drei Jahren, so war die Vorgabe, konnten sie dann mit rund 1,80 Metern verkauft werden. Die übrig blieben, ließ man weiterwachsen.

Aber unsere Bäume taten nichts dergleichen.

Sie wuchsen kaum. Nach zwei Jahren hatten sie zwar die Form eines Baumes, waren aber nur 18 Zoll hoch.

Eine Notlösung musste her. Wir pflanzten die Winzlinge in kleine rote Töpfe und verkauften sie als Mini-Weihnachtsbäume zum Fest.

Wir und unsere Nachbarn waren letztlich eine Rentnergemeinschaft, in der alle versuchten, einen anderen Lebensstil zu finden, bevor sie richtig alt wurden.

Keiner von uns hatte sehr viel Geld, aber wir lebten alle wie Herren. Mit viel Tauschhandel kamen wir zurecht.

Peter trug Spargel und Forellen bei, Joan ließ ab und zu ein Schaf töten und verteilte das Fleisch unter uns. Wir sorgten für Salat, Erdbeeren, Hühnchen und Eier.

Niemand musste hungern!

Ich erinnere mich gerne an die vielen Gäste, die in den vier Jahren, die wir in The Cottage lebten, bei uns zu Gast waren: meine Mutter für einige Monate nach dem Ableben meines Vaters und Heather und Joanna für ihre Ferien.

Joanna St. Johnstone und ihre Tochter Harriet kamen genauso wie Ned und Vera Curran.

Ned fing eine Rekord-Bachforelle aus dem Avon.

Terry Catriff, ein junger Mann aus Lagos, der mir das Fechten beigebracht hatte, brachte seine Frau für einen Teil ihrer Flitterwochen mit.

Denis und Daphne, mit denen wir 1948 in Accra und dann in Chester zusammen waren, kamen mit ihren beiden Kindern und blieben ziemlich lange. Denis brauchte einen Zufluchtsort, er wurde beschuldigt, seinem Burschen Alkohol gegeben zu haben, um ihn zu verführen.

Er kam vor ein Kriegsgericht und wurde schlussendlich freigesprochen. Danach trat er verbittert aus der Army aus.

Die Familie verzog nach Australien.

John und Caroline Ingledew brachten ihre Jacht Aurelia oft nach Salcombe. Wenn sie nicht segelten, blieben sie bei uns. Das nahm ein Ende, als ihre Tochter Henrietta geboren wurde.

Als wir für eine Nacht nach Newton Ferrers gefahren sind, kam auf dem Rückweg ein Sturm der Windstärke neun auf. Wir waren besonders besorgt, weil Caroline noch mit Henriette schwanger war. Ich gab mein Bestes als rasante Fahrerin!

Wir hatten den Wohnwagen während der Sommermonate immer auf der Koppel stehen, und immer gab es Freunde oder Verwandte, die ihn benutzten.

Lizzie, als sie mit Denis verheiratet war, kam mit Kate und Ginny sogar für ein ganzes Jahr.

Wir vermieteten den Wohnwagen auch und lernten dabei viele interessante Menschen kennen.

Leider konnten wir im Jahr 1959 keine Freunde aufnehmen. Wir durchlebten nämlich eine Familienkrise.

Geoffreys Mutter, Ma, die Stanley, ihren Ehemann, als Geoff erst 13 Jahre alt war, verlassen hatte, war jetzt mit einem Emphysem bettlägerig. Sie hatte ihren Liebhaber nie geheiratet. Eine Scheidung war damals undenkbar gewesen. Der Skandal hätte die Praxis von Pa ruiniert ...

Im Laufe der Jahre, als ihre Affäre zu Ende war, und sie mittellos dastand, musste sie einen Job als Haushälterin annehmen. Sie fand ihn bei jemandem, der sterbenskrank war.

Währenddessen hat sie mit ihrer Schwester Dollie in Seaview zusammengelebt. Dollie war inzwischen eine alte Jungfer.

Geoffrey hatte während dieser Zeit längst bei seinem Vater gewohnt. Seine Mutter sah er nur, solange er jung war, und das nur einmal im Jahr. Als es Ma später schlecht ging, hatte er den Haushalt in Seaview finanziell unterstützt.

Nun aber wollte Dollie das Haus verkaufen. Um es kurz zu machen: Zuerst kamen Ma und dann Dollie, und beide wohnten bei uns.

Da wir genug Platz hatten, um sie unterzubringen, fanden sie das eine Selbstverständlichkeit.

Ma war zu diesem Zeitpunkt bereits 16 Jahre lang bettlägerig. Dollie war von Arthritis geplagt und hatte Schwierigkeiten, sich fortzubewegen. Ich glaube, sie war auch mental nicht mehr 100% in Ordnung. Sie war auf Suzanna eifersüchtig. Das wirkte manchmal richtig gefährlich.

Das Leben war nun ziemlich hart. Der Haushalt, die Hühner (jetzt 2000), die Pferde, Flunky und Abigail, ein Hase und zwei Kaninchen taten das ihre hinzu. Ganz zu schweigen von all den Eiern, die jeden Tag gesammelt und gereinigt werden mussten.

Sowohl Ma als auch Dollie hatten guten Appetit, und ich musste täglich enorme Mengen an Essen kochen.

Meist blieb keine Krume übrig!

Gott sei Dank hatte ich Violet, die wir mit dem Haus übernommen hatten. Sie kam täglich, um bei der Reinigung zu helfen. Sie war ziemlich entsetzt, wenn Geoff, der unter einer schlechten Durchblutung litt, an sehr kalten Tagen seine Füße in den heißen Ofen stellte, um sich aufzuwärmen.

»Das hätte der General niemals getan«, meinte sie entrüstet. Sie war eigentlich eine Liebe. Aber ich muss zugeben, manchmal wurde ich richtig konfus zwischen den gegensätzlichen Vorstellungen um mich herum.

Wir hatten täglich Besuch von der Bezirkskrankenschwester, die sich um Ma und Dollie kümmerte.

Als Flunky und Abigail einen Wurf Welpen bekamen, gaben wir einen an Nursy, der darüber begeistert war.

Ma starb 1961, und endlich entschied auch Dollie, dass sie nach Seaview zurückkehren wolle.

Das schien mir sehr gut für uns, das Leben konnte wieder normal werde. Ich mochte Dollie und besonders ihren Sinn für Humor, aber ich freute mich auch, als sie uns nun den Rücken kehrte.

Als Ma tot, Dollie gegangen und Suzanna wieder im Internat war, lebten Geoff und ich in einem viel zu großen Haus. Schließlich hatten wir die geniale Idee, eine Trennwand einzuziehen und einen Teil davon als eigenständige Wohnung zu vermieten. Die Wohnung hatte immerhin zwei Schlafzimmer, eine Küche, einen Flur, ein Wohnzimmer und ein Badezimmer. Sie war gut geschnitten und recht geräumig. Ein junger Buchhalter namens Ian Curd mietete sie.

Er war eine Weile auf sich allein gestellt, aber dann kamen seine Mutter und sein Vater hinzu.

Die waren vor Kurzem in Rente gegangen. Sie kamen eigentlich nur, um ihn zu besuchen, aber sie blieben und blieben! Sie waren sehr nett und wir haben oft Scrabble mit ihnen gespielt.

Ihre Tochter Stella und deren Freundin Erica, beide Krankenschwestern in London, kamen auch vorbei, wenn sie konnten. Es war offensichtlich, dass Erica darauf hoffte, Mrs. Curd junior zu werden. Ich weiß nicht, ob ihr das gelang …

Im Februar erhielt Geoff einen Brief vom Commonwealth Overseas Office. Das war das alte Kolonialamt. Geoff wurde gefragt, ob er Interesse daran habe, Senior Medical Officer in der Dominikanischen Republik, Westindien, zu werden.

Wir waren uns nicht sicher, wo diese Republik genau lag, aber als wir herausfanden, dass sie in der Karibik lag, wollten wir mehr darüber wissen.

Als S.M.O. würde Geoff in administrativer Funktion für die gesamte Inselmedizin verantwortlich sein. Er musste nicht mehr praktizieren. Das gefiel ihm.

Es bestand die Möglichkeit, den jetzigen Administrator der Insel, Colonel Lovelace und seine Frau zu treffen, da sie in England Urlaub machten. Es wurde eine gute Zusammenkunft. Wir mochten uns direkt.

Ich wurde genauso wie Geoff gelöchert, ich insbesondere, wie ich den Menschen dort helfen wolle.

Da es sich um die am wenigsten entwickelte Insel in The Windwards handelte, die keinen natürlichen Hafen hatte und nur einen Flugplatz für Flüge zwischen den Inseln, war jede erdenkliche Hilfe vonnöten.

Da ich mich in Afrika bestens um die Ehefrauen der Armee gekümmert hatte, war ich zuversichtlich, auch in der Karibik einen nützlichen Beitrag leisten zu können. Das sagte ich auch.

Sie erzählten uns, dass auf der Insel nur 60 Weiße neben 60.000 Schwarzen lebten. Sie waren allerdings voll in die Gesellschaft integriert. Auch das passte.

Wir hatten an der Goldküste, in Nigeria und in Kenia ebenfalls mit Farbigen zusammengelebt.

Geoff entschloss sich, das Angebot anzunehmen.

Nun ging alles sehr schnell. Schon bald erhielt er einen Brief, in dem seine Ernennung bestätigt wurde.

Für uns waren Passagen auf dem französischen Linienschiff Colombie gebucht worden, das Southampton am 13. März verlassen sollte.

Das ließ uns nur drei Monate, um vor der Abreise eine Vielzahl von Dingen zu regeln.

Suzanna kam in den Ferien nach Hause, und wir sagten ihr, was wir vorhatten. Sie war sehr glücklich bei Glendower, also dachten wir, dass sie lieber dortbleiben und zu uns nur für die langen Ferien kommen wolle.

Aber sie sagte: »Auf keinen Fall! Ich komme mit euch«.

Die Anstellung war auf drei Jahre ausgelegt. Also vereinbarten wir in den nächsten 2 1/2 Monaten, dass ein Freund von Ian, der Gärtner war, unsere halbe Haushälfte mietete und die Koppel nutzen durfte.

Die Tochter der Leute, die die Eierverpackungsstation in Loddiswell betrieben, und ihr Mann kauften die Hühner und nutzten, was wir dafür zurückließen, natürlich auch die Häuser mit der Einstreu.

Dinah sollte zu ihrem ursprünglichen Besitzer zurückkehren und Flight würde zu Suzannas Freundin gehen.

Flunky blieb im Haus, und Patricia wurde überredet, Abigail zu nehmen. Sie wollte das erst nicht, aber dann liebte sie Abigail über alle Maßen und hatte sie noch zwölf Jahre im Haus.

Auch der Zufall half uns: Ein Bekannter fragte Suzanna, ob wir nicht für die drei Jahre unserer Abwesenheit Flight bei ihm lassen wollten. Das passte uns natürlich sehr gut, denn wir wollten Flight nicht verkaufen. Sie war noch so jung.

Die Tochter, die Flight übernehmen und reiten sollte, war eine geübte Reiterin. Deshalb konnten wir gar nicht verstehen, was ihr mit unserem Pferd danach passierte:

Nach etwa einem Jahr schrieb uns ihre Mutter, man habe ihre Tochter gezwungen, Flight aus den Stallungen zu entfernen. Das Pferd habe sie attackiert!

Gott sei Dank fanden sich Godfrey und Roly Parish bereit, Flight zu sich zu holen. Aber auch Roly schrieb bald, Flight sei ein völlig anderes Pferd geworden, und sie könnten es nicht behalten. Die einzige Möglichkeit wäre, Flight auf dem Exeter Pferdemarkt in den Verkauf zu geben. …

Für 50 £ ging sie in andere Hände.

Wir mutmaßten, Suzannas Freundin habe ihr zu viel Mais gegeben, und das hätte ihr Blut überhitzt und den Charakter verdorben.

Zwei Dinge brachte der Verkauf von Flight mit sich:

Zum Ersten kauften wir Suzanna mit den 50 £ Premium Bonds und Jahre später gewann diese Anleihe 1000 £ bei der Verlosung!

Zum Zweiten erhielten wir, als wir später auf Jamaika waren, einen Brief von einer Frau, die uns unbekannt war. Sie fragte, ob Flight irgendwo im Zuchtbuch gestanden habe, und ob wir etwas über ihre Vita wüssten. Sie würde nämlich von ihr gehalten und liefe sehr gut.

Wir haben uns über diese Neuigkeiten sehr gefreut, konnten der neuen Besitzerin aber nichts Besonderes erzählen.

Wir empfahlen ihr, mit dem Züchter im Moor in Kontakt zu treten …

Weil Clare Buxton nun ebenfalls nach Glendower ging, gab ich Meg Suzannas Schuluniform für sie. Sie gab mir im Gegenzug ein schwarzes Spitzenabendkleid, das ihr zu klein geworden war. Ich schenkte es später Nina Winston, einer sehr guten schwarzen Freundin in der Karibik.

Unser Silber kam auf die Bank.

Gute Bilder und Möbel wurden eingelagert.

Unsere persönlichen Sachen wurden auf dem Dachboden verstaut. Alles andere blieb im Haus …

Wir besaßen auch immer noch das Haus in Kenia.

Es war wegen der Mau-Mau schwer zu verkaufen.

Gerade zu diesem Zeitpunkt bekamen wir aber ein Angebot. Es war niedriger, als wir erwartet hatten, aber wir beschlossen es anzunehmen.

Da der Käufer den Kaufpreis nicht vollständig aufbringen konnte, mussten wir uns mit einer zweiten Hypothek zufriedengeben. Er war jedoch ein Sohn unseres früheren Generals, und so gingen wir auf diese Zahlungsweise ein.

Wir hatten das Haus nun seit unserer Abreise aus Kenia sieben Jahre vermietet, hatten aber dank eines unseriösen Maklers nahezu nichts eingenommen.

Der Mann behauptete, das Geld immer für die Instandhaltung benötigt zu haben. Über die große Distanz ließ sich das nicht überprüfen.

Die letzten zwei Wochen ging es von Pontius zu Pilatus. Wir verabschiedeten uns von Freunden und Familie.

Am 13. März verließen wir Loddiswell.

Dinah kehrte mit dem Fohlen im Bauch zu den Peaks zurück.

Die schrieben uns dann im Juni, genauer gesagt am Derby Day, Dinah habe ein Hengstfohlen zur Welt gebracht, das Irish Lark genannt werden solle. Larkspur gewann übrigens das Derby.

Nun ging es endlich nach Southampton, wo der Liner auf uns wartete.

Auf nach Westindien! Und los ging es.

Die Colombie war ein schönes Schiff. Wir hatten eine geräumige Kabine und Suzanna eine gleich nebenan.

Das Essen war ausgezeichnet, aber ich hatte mich entschlossen, nicht zu frühstücken. Ich wusste, dass die Seeluft meinen Appetit erhöhte und ich an Bord immer zunahm. Deshalb bat ich Geoff, mir morgens nur eine Tasse Kaffee in die Kabine zu bringen.

Er und Suzanna ging dann zum Frühstück. Ein paar Minuten später kam Suzanna zurück und lockte mich gekonnt: »Du solltest mitkommen«, sagte sie. »Es gibt geräucherten Lachs, so viel du willst.« Sie kannte meine Vorliebe für Lachs und überredete mich schließlich. Für die nächsten drei Wochen gönnte ich mir diese Delikatesse. Zur Hölle mit dem Gewicht!

Es wurde eine friedliche und erholsame Reise über den Atlantik. Die Passagiere und die Besatzung waren alle nett und freundlich.

Unsere erste Anlaufstelle war Curaçao in Niederländisch-Westindien. An diesem herrlichen Ort konnte man gut in den Tag hineinleben. Ich wünschte, wir hätten länger dort sein können.

Stattdessen ging es weiter nach Trinidad.

Danach kam ein Zwischenstopp in Martinique.

Auch das war eine wunderschöne Insel.

Wir erreichten Roseau, die Hauptstadt von Dominica, gegen 1 Uhr morgens.

Es roch übel nach faulen Eiern. Ich bemängelte das bei einem der Offiziere. Er konnte uns nicht helfen.

Wir sollten uns daran gewöhnen. Der Schwefel in der Luft kam aus dem kochenden See (Boiling Lake) und dem Tal der Verwüstung (Valley of desolation). Beides sollten wir später noch genauer kennenlernen. Ob es stank, hing davon ab, in welche Richtung der Wind wehte!

Dominica 1962-65

Es gab keinen Hafen. Passagiere und Fracht wurden mit einem Leichter an Land gebracht.

Wir wurden von Dr. Griffin empfangen. Er kam an Bord und begrüßte uns zusammen mit John Chambers, der für die Schiffsagentur arbeitete.

Wir sollten zunächst auf Einladung des Gouverneurs, Colonel Lovelace, und seiner Frau Eleanor, im Government House wohnen.

Philip Griffin und John Chambers zeigten kein Anzeichen, das Schiff schnell wieder zu verlassen. Darum beschlossen wir, uns gegen 14:30 Uhr persönlich im Government House zu melden. Vielleicht warteten die Lovelaces ja schon auf uns.

»Sie müssen einfach nur warten«, meinte John Chambers. Und wirklich, eine halbe Stunde später wurden wir in den Leichter herabgelassen, und es ging an Land.

Als wir beim Government House ankamen, hatten Alec und Eleanor, wie wir unsere Gastgeber ja nannten, bereits Tee zubereiten lassen, den wir gemeinsam im Wohnzimmer zu uns nahmen. Ich war wie elektrisiert, als zwei riesige Kakerlaken um den Tisch krabbelten und niemand sich darum scherte.

Am nächsten Morgen stellte sich ein kleines Mädchen von sechs oder sieben Jahren an der Badezimmertür als Alison vor. Sie war die jüngere Tochter der Lovelaces. Eleanor junior, die ältere Tochter, erschien erst später. Sie und Suzanna waren fast gleich alt und wurden gute Freundinnen.

Für den Vormittag hatten die Lovelaces vereinbart, dass die Frau von Dr. Griffin mich anrufen würde, um mich über die Ärzte, ihre Frauen und alles andere ins Bild zu setzen. Mary war Engländerin und hatte Philip, einen Dominikaner, in einem Krankenhaus in Sheffield kennengelernt. Er machte dort seine praktische Ausbildung, und Mary war Pflegerin. Wir haben uns gleich sehr gut verstanden. Wir rauchten beide wie die Schlote!

Mary wurde meine größte Hilfe bei allen Aktivitäten, die wir in den nächsten drei Jahren in Angriff nahmen, um Geld für das Krankenhaus zu sammeln.

Sie machte mich bekannt mit Dr. McIntyre, dem Chirurgen, und seiner Frau Myrtle, Dr. Watty, verheiratet mit Winifred, die auch Krankenschwester war, Dr. Green, Dr. Sorjanto und Ehefrau Anthea, Dr. Shillingford und Frau Noreen.

Dr. Armour war noch nicht verheiratet. Wir sollten aber später seiner Hochzeit beiwohnen.

Das Hauptkrankenhaus, The Princess Margaret, befand sich in Roseau. Zwei kleinere Krankenhäuser in Portsmouth im Norden und in Grand Bay im Osten waren ihm angeschlossen. Eine Ambulanz, ein MI-Zimmer, gab es noch auf halbem Weg von Roseau nach Portsmouth in Marigot.

Nach dem Mittagessen wurden wir zu dem Haus gefahren, in dem wir leben sollten. Es befand sich auf der Spitze von Mourne Bruce, einem hohen Hügel mit Blick auf Roseau, und war Teil einer alten Kaserne, der Offiziersmesse.

Der große Bungalow war aus kleinen roten Ziegeln gemauert, die offenbar einst Ballast für Segelschiffe waren, die früher in diesen Gewässern Handel trieben.

Wir zogen am nächsten Tag schon um. Wir stellten ein Mädchen namens Shirley für die Hausarbeit ein, und obwohl ich meistens gekocht habe, kam Isabella dafür zusätzlich hinzu. Für eine Unterhaltung war sie immer gut, wie sich bald herausstellte. Ich kann aber auch immer noch die Brotfruchtbeutel schmecken, die sie gemacht hat!

Suzanna ging vorerst mit Eleanor und Alison zum Kloster in Roseau. Zu dieser Zeit waren sie die einzigen weißen Kinder unter den anderen 200 Schülern.

Die nächsten drei Jahre sollten meine erfülltesten werden. Da ich zuvor schon sehr aktiv gelebt hatte, hieß das viel. Dominica war aber trotzdem und ist wahrscheinlich immer noch die am wenigsten entwickelte Insel der Windward Islands.

Das Land war arm und die Krankenhäuser brauchten viele Dinge, die durch die Zuschüsse der Regierung in Großbritannien nicht zu finanzieren waren. Wir haben deshalb den Dominica Hospitals Appeal Fund ins Leben gerufen, um durch attraktive Aktivitäten zusätzliches Geld zu sammeln.

Alle drei Monate organisierten wir Domino-Wettbewerbe und solche für Brettspiele wie Dame.

Zu Weihnachten boten wir ein Esel-Derby an und führten Aschenputtel als Pantomime auf.

Unser erster Domino- und Dame-Wettbewerb schlug richtig ein. Obwohl wir auf der ganzen Insel gut dafür geworben hatten, waren wir uns nicht sicher gewesen, wie viele 4er-Teams letztlich auftauchen würden.

Wir hatten zahlreiche Tische und Stühle von Freunden ausgeliehen. Das sollten wir noch bereuen. Wir haben uns nicht vorstellen können, mit welcher Kraft und welchen Folgen ein Dominostein hingestellt werden konnte!

Die Turnierkosten waren schnell zusammen: Wir hatten Herrn van Geest, der auf der Insel für den Versand, den Verkauf und die Bewerbung von Bananen verantwortlich war, überredet, Geld für die Ausrichtung zu spenden. Brian Blatcher, der Tierarzt, lobte einen Pokal aus, um den nun jährlich gekämpft werden sollte. So blieben die Startgelder für unsere Zwecke übrig.

Der Samstagnachmittag des ersten Wettbewerbs kam heran. Wir warteten in der St. Gerards Hall ungeduldig darauf, dass die Türen geöffnet wurden.

Wir waren zutiefst verblüfft, als völlig unerwartet 40 merkwürdig zusammengewürfelte Teams hereinströmten.

Der Lärm war über vier Stunden hin ohrenbetäubend, aber unsere Helfer, zu denen auch einige unserer Ärzte gehörten, leisteten hervorragende Arbeit. Alles blieb friedlich.

Es gab eine Running Bar mit Blutwurst und Hotdogs. Auch das brachte Einnahmen.

Alles in allem war der Tag ein großer Erfolg. Aber was für ein Durcheinander war es, danach aufzuräumen!

Wir mussten uns bei all unseren Freunden für den Zustand ihrer geliehenen Tische und Stühle entschuldigen.

Für zukünftige Wettbewerb lieferte Ray Thompson, der für Roses Limonensaft verantwortlich war, halbierte Fässer, auf denen jeweils ein zwei Zentimeter dickes Brett als Tischfläche genagelt wurde. Diese Tische sollten dem Ansturm standgehalten!

Die Wettbewerbe wurden sehr beliebt. Bald kamen Teams von der ganzen Insel. Ich erinnere mich, dass mir in einem kleinen Dorf, durch das ich fuhr, ein kleiner Mann zurief, er sei der Captain ihres Teams.

Mary Griffin, die gern Gedichte schrieb, hat ein Gedicht verfasst, das unsere Bemühungen rühmte. Margie, eine Amerikanerin, half uns immens. Sie baute mit Ehemann Pete ein Hotel in Wotten Waven.

Wir waren ein gutes Ehefrauenteam. Jean Thompson, die Ehefrau von Ray, Lila Catchpole, die Ehefrau eines anderen Regierungsbeamten, malte unsere Plakate, Mary, Margie und viele andere mehr.

Geoff und ich freundeten uns mit Joan und Charles an, einem englischen Ehepaar, das in Portsmouth im Norden der Insel eine Bananenplantage besaß. An vielen Wochenenden besuchten wir uns gegenseitig.

Auf dem Grundstück befand sich ein Strandhaus, das wir gut kennenlernten, nachdem Joan und Charles an Mr. van Geest verkauft hatten. Er erlaubte uns die Nutzung während der Zeit, die wir auf der Insel waren. Andere Wochenenden verbrachten wir im Gästehaus auf der Woodford Hill Plantage. Auch sie war im Besitz von Herrn van Geest.

Charlie Winston war sein Manager, und seine liebe Frau Nina hat uns immer willkommen geheißen.

Wir konnten dann durch die Plantage reiten oder zum Strand von Woodford Hill laufen, um zu baden. Später gab es dann ein Barbecue-Mittagessen. Was wollte man mehr!

Nachdem Suzanna im September 1962 ihr letztes Semester im Kloster hinter sich hatte, ging sie in ein Internat in Codrington auf Barbados. Es war auf Kinder wie sie ausgerichtet.

Die kamen aus ganz Südamerika und den anderen Inseln. Am Anfang konnte sie nicht direkt in diese Schule. Sie war überfüllt. Da wir eine Familie mit nahem Wohnsitz waren, wurde sie zurückgestellt. Sie ging mit anderen Kindern gleichen Schicksals als Tagesschülerin. Nach zwei Semestern kam sie in die Hauptschule. Später folgten ihr zwei andere Mädchen aus unserem Ort, Susan Harms, deren Vater das Hotel Castaways außerhalb von Roseau besaß, und Sarah Honeychurch, Tochter von Pat und Tad, die ein eigenes Anwesen hatten und gute Freunde von uns wurden.

Zweimal bin ich nach Barbados gefahren, als die Kinder nur ein längeres Wochenende freihatten. Das war nicht genug Zeit, um sie nach Hause zu holen. Ich fuhr mit einem der Küstenboote, die Bananen abholten. Sie hatte Platz für 16 Passagiere und waren äußerst komfortabel. Als wir unterwegs in St. Lucia einliefen, wurde ich von dem dortigen S.M.O. und seiner Frau bis zur Weiterfahrt am Abend betreut. In Barbados wohnte ich bei Murray Ainsley und seiner Frau Eileen, der Schwester von Ken Stewart, dem Herzspezialisten am Universitätsklinikum in Jamaika. Ken wurde später zum Ritter geschlagen.

Das Haus der Ainsleys hieß Round the Bend und befand sich auf dem Gelände des Psychiatrischen Krankenhauses.

Murray war dort der Chefarzt. Er war ein großartiger Koch, und ich verwende noch heute einige seiner Rezepte.

Sie pflegten eine Freundschaft mit den Barrows.

Errol Barrow war zu dieser Zeit Premierminister von Barbados. Seine Frau hieß Caroline und war eine Amerikanerin.

Als wir eines Abends ausgingen, endete der Abend in ihrem Haus. Ich erinnere mich, dass Caroline seine Füße zur Beruhigung mit Buckleys White Rub einrieb.

Die Barrows waren eine interessante Familie. Anita, Errols Schwester, war bei W.H.O. die Leiterin der Krankenpflege. Sie kam oft auf unsere Insel, und wir luden sie immer zu uns nach Hause ein.

Der Hauptgrund für meine Besuche auf Barbados war natürlich Suzanna. Meist ging ich mit beiden Kindern, Suzanna und Susan, zum Mittagessen aus. Wir waren oft in Sam Lords Castle.

In einem anderen Restaurant in Bridgetown gab es sonntags für fünf BB-Dollar so viel zu essen, wie man mochte. Das riesige Buffet bot eine tolle Auswahl. Gemessen an der Menge, die meine beiden Mädchen schafften, hätte das Buffet hinterher eigentlich leer sein müssen. Fliegender Fisch war übrigens ein Spezialgericht.

Wenn ich an Round the Bend denke, erinnere ich mich an Obeah. Das ist eine milde Form von Voodoo-Zauber. Der wurde auch auf unserer Insel praktiziert. Ich hörte allerdings, auf der französischen Insel Guadeloupe erlebte man ihn noch besser. Ich war dabei, wie Voodoo einen Kerl namens Roosevelt befiel. Geoff hat miterlebt, wie er sich ausgewirkt hat: Wir waren Gast bei seiner Hochzeit in Marigot. Er heiratete die Tochter von Mr. Stevens, dem Minister für soziale Dienste. Es wurde eine richtige Landhochzeit. Ich war amüsiert, als alle Hühner um den Altar kratzten und pickten und sich niemand darum scherte.

Die Männer saßen auf der einen Seite der Kirche und die Frauen auf der anderen.

Als die Braut ankam, bemerkte ich, dass sie hochschwanger war. Ihr weißes Satinkleid war an den Nähten fast bis zum Reißen gespannt.

Ein paar Monate später erzählte mir Geoff, dass Roosevelt völlig geistig gestört ins Krankenhaus gebracht werden musste. Angeblich war er nach der Hochzeitsnacht aufgewacht und hatte die Veranda seines Hauses mit weißen Federn übersät vorgefunden, ein Zeichen, dass Obeah auf ihn angesetzt worden war.

Nach allem, was ich noch erfuhr, hatte er, während er die Tochter des Ministers heiratete, noch ein Mädchen vom Land gehabt. Das soll ihn verflucht haben.

Roosevelt machte keine Fortschritte in seiner Gesundung. Er wurde schließlich vom Princess Margaret Hospital in das Psychiatrische Krankenhaus in Barbados verlegt.

Dort war er immer noch, als unsere Zeit auf der Insel zu Ende ging. Ich kann also nicht sagen, ob er jemals wieder der Alte wurde.

Neben dem Dominica Hospitals Appeal Fund, der »mein Baby« wurde, engagierte ich mich noch in vielen anderen Projekten. Ich saß im Gouverneursrat des Krankenhauses, schloss mich einer Hilfsgruppe für Bauern an und ging für sie aufs Land, um die Dorffrauen in der Verwendung der lokalen Produkte zu unterweisen, die sie bisher nicht nutzten. Es war für sie überraschend, was man mit Kürbis und Süßkartoffel alles machen konnte!

Während Eleanor Lovelace am Montagnachmittag im Government House Gymnastikunterricht abhielt, sie war in ihrer Jugend Sportlehrerin gewesen, verpflichtete ich mich, einem Dutzend kleiner Dominikanerinnen die Grundlagen des Balletts beizubringen.

Ich fühlte mich dazu in der Lage, schließlich hatte ich in jungen Jahren eine Prüfung an der Royal Academy of Dancing abgelegt. Am Anfang war es nicht so einfach, die Kinder dazu zu bringen, auf ihren Zehen zu stehen. Sie waren es gewohnt, nur auf dem flachen Fuß zu tanzen. Aber sie liebten Ballett offensichtlich und tauchten gewissenhaft jeden Montagnachmittag wieder auf.

Ich engagierte mich auch noch aktiv beim Roten Kreuz und wurde die rechte Hand von Eleanor Lovelace, der Vorsitzenden. Es gab auch noch eine bezahlte Mitarbeiterin namens Lorna Robinson. Wir drei gingen gelegentlich mit einem Träger in abgelegene Dörfer, um die Pakete des Roten Kreuzes zu verteilen. Manchmal war es ziemlich schwierig, zu Fuß diese Touren durchzuhalten. Dominica war die gebirgigste Insel der Karibik. Die Berge waren bis zu 5.000 Fuß hoch. Dort oben lagen, mitten in der rauen Landschaft versteckt, noch Dörfer. Mit Ehrfurcht betrachtete ich die natürliche Schönheit der Natur. Ich hätte ohne das Rote Kreuz niemals so viel von dem Inneren der Insel gesehen.

Ich saß auch im Komitee des Dominica Clubs. Wir wurden oft ins Government House eingeladen, wenn es einen V.I.P.-Besuch gab. So kam zum Beispiel die Königinmutter auf der Royal Yacht Britannia vorbei. Sie befand sich in Begleitung von Lady Leister und Lady Jean Rankin zur Erholung nach einer Operation auf dieser Kreuzfahrt.

Geoffrey hatte das Privileg, sie zu führen, als sie das Princess Margaret Hospital besuchte. Die gleiche Ehre hatte er, als Prinz Philip ein Jahr später vorbeikam.

Geoff stellte ihm bei dieser Gelegenheit Oberschwester Doraval vor. Die zeigte sich in ihrem Element!

Ich erinnere mich an ein Abendessen in Governor House, als Duncan Sandys und seine Frau zu einem offiziellen Besuch vorbeischauten. Ich glaube, er war zu der Zeit Außenminister.

Irene, das Oberdienstmädchen, verwöhnte uns. Es war allseits bekannt, dass sie immer einen Tropfen »häuslichen Komfort« brauchte, selbst wenn es Methylalkohol war. Von dem gab es eine Menge für die Hurrikanlampen. Manchmal zeigten sich Nebenwirkungen: Wir saßen alle und warteten auf den ersten Gang, als aus der Küche ein gewaltiger Knall herübertönte. Wir warteten und warteten, und dann kam Fleisch und Gemüse! Ich erfuhr später, dass Irene die Suppenterrine hatte fallen lassen …

Als wir »Mädchen« den Tisch verließen, um uns die Nase zu pudern, erzählte mir Eleanor den neuesten Skandal. Eine der Mägde war geschwängert worden. »Du wirst nie erraten, wer der Vater wird«, sagte sie. Einer der Gefangenen, die regelmäßig unter Bewachung kamen, war es. Sie mussten das Gras im Garten schneiden.

Erwähnenswert ist natürlich die Marine. Eine Fregatte kam zwei- oder dreimal im Jahr. Wir unterhielten die Offiziere, und sie unterhielten uns. Sie schickten ein Beiboot vorbei, um uns abzuholen. An Bord hatten wir dann gemeinsam eine gute Zeit. Wir freuten uns immer auf ihre Besuche.

G.H. gab dann eine Dinnerparty für die Offiziere, und der Dominica Club bot eine Tanzveranstaltung. Ich bekam viele Dankesbriefe von ihren Kapitänen. Ein Umschlag war nur an Mrs. Foster, Dominica, adressiert. Die Post hat mich auch so gefunden!

Einmal, als die Offiziere bei uns privat zum Essen eingeladen waren, wollte ich etwas Besonderes zubereiten. Ich entschied mich für Hähnchencreme und Spargel auf Reis in Kokosnussschalen. Die Schalen wurden dann mit Inhalt im Ofen gebacken. Das Essen wurde ein großer Erfolg. Wir hatten allesamt Spaß daran, später die Kokosnussschalen am Aussichtspunkt von Mourne Bruce ins Meer zu werfen.

Ein anderes Mal traf eine Fregatte mit dem Senior Naval Officer West Indies ein. Der hieß Admiral Sir Edward Ashmore. Es gab eine besondere Feier im G.H., dem Dominica Club und auch bei uns zu Hause. Der Admiral antwortete mit einer ausgezeichneten Party an Bord.

In Dominica lebten die einzigen überlebenden Carib-Indianer, die sich, vor etwa tausend Jahren aus dem Orinoco-Gebiet Südamerikas kommend, auf der Insel niedergelassen hatten. Sie lebten in einer Siedlung an einem Ort namens Salybia. Um dort hinzugelangen, musste man den Pagua-Fluss auf einer Drehbrücke überqueren. Als Joan und Robbie Robinson, Freunde von uns aus Kingsbridge, zum Zeitpunkt der Amtseinsetzung des neuen Häuptlings bei uns zu Besuch waren, beschlossen wir, zusammen dorthin zu fahren. Die Feierlichkeit fand im Reservat statt.

Es war ein langer, rutschiger Weg dorthin. In der Nacht zuvor hatte es geregnet. Nachdem wir die Pagua überquert hatten, kamen wir wohlbehalten an.

Das ganze Dorf war mit Wedeln, Blumen und Fahnen geschmückt. Vor dem Gemeindehaus, wo die Amtseinsetzung stattfinden sollte, spielte die mit Kämmen und Papier bewaffnete Schulband *John Browns Body lies a-mouldering in the grave!*

Der neue König war sehr jung und sehr stolz, als er mit seiner großen Schärpe und seiner Entourage vorgestellt wurde. Wir waren die einzigen Weißen in der Runde. Ich fühlte mich äußerst geehrt, diesem Ereignis beiwohnen zu dürfen.

Joan und Robbie haben uns nicht verlassen, bevor unsere nächsten Gäste aus Großbritannien ankamen. Das waren John und Caroline Ingledew. Caroline war Geoffs Patentochter und Suzannas Patin. Sie war die Tochter von Blue, der großen Freundin, die ja leider verstorben war.

Wir hatten nicht genug Platz, um alle unterzubringen.

Die Lovelaces halfen uns für die zwei Nächte, die überlappten, mit Unterkunft aus.

Das nächste große Ereignis, das wir miterlebten, war der Karneval. Dr. Green lud uns ein.

Sein Haus lag an der Hauptstraße, und man konnte den gesamten Weg übersehen, den der Umzug nehmen würde.

Wir hatten keinerlei Erfahrung mit dieser Art von Karneval. Seine Wurzeln waren afrofranzösischer Herkunft und kamen auf die Insel, als die Franzosen Kolonialherren wurden.

Wie bei anderen römisch-katholischen Feierlichkeiten dauert das Fest zwei Tage. Es begann vor der Fastenzeit. Man sprach von Samedi Gras und Mardi Gras.

Es spielten viele Steelbands, von denen jede von einer Gruppe Kostümierter unterstützt wurde. - Singen, Tanzen und Rumtrinken - Die Bands spielten hauptsächlich mit Stahlinstrumenten, Trommeln und Pfannen. Der Beat war enorm und die Aufregung wie Fieber.

Jump up, jump up, wie diese Kerle in den Himmel greifen konnten.

Es gibt nichts Besseres als ein Steelband, um alle Feiernden in Partylaune zu versetzen.

Es war berauschend, bis etwas Schreckliches geschah. Nachmittags kamen drei Männer in afrikanischem Outfit vorbei, das beim Kopfschmuck wie ein kleiner Heuhaufen mit Hörnern aussah.

Der Heuhaufen bestand aus gezogenem Sisal. Plötzlich gab es einen Blitz, und ich dachte zuerst, eine der Stahltrommeln brenne, aber dann brannten alle drei Heuhaufen. Als die Flammen sie verschlangen, schrien die Männer immer wilder. Geoff eilte zu ihnen hinaus und versuchte, sie dazu zu bringen, sich auf den Boden zu werfen und die Flammen zu ersticken. Aber es war schon zu spät. Ein Krankenwagen brachte sie ins Krankenhaus, aber zwei starben noch in dieser Nacht. Der dritte lebte etwas länger, aber auch er starb an seinen schweren Verbrennungen.

Alle drei Jungen kamen aus bekannten dominikanischen Familien und hatten eine sehr gute Band. Es war wohl eine Vendetta. Die Beerdigung fand am folgenden Tag statt, also am zweiten Karnevalstag. Ihre Särge wurden zusammen vorbeigetragen. Als sie an den Nachtschwärmern vorbeikamen, hörten die auf zu springen und schlossen sich den Hunderten von Trauernden an, die zum Friedhof gingen. Nach der Beerdigung kehrten alle auf die Straße zurück, und das Springen und Tanzen dauerte bis Mitternacht. Punkt 24:00 Uhr hörte schlagartig alles auf, es wurde ruhig und die 40-tägige Fastenzeit begann.

Ich habe volles Verständnis, dass seit diesem tragischen Vorfall das Sensay-Kostüm und die Masken verboten wurden. Trotzdem freuten sich alle auf den Karneval im folgenden Jahr genauso wie im Jahr 1965.

Ich bin mit unseren Freunden natürlich mitgesprungen. In Windsor Park nahmen wir nicht nur an der Wahl der Karnevalskönigin und des Calypso-Königs teil, sondern hörten auch zu, wie die Steelbands bewertet wurden. Man kann wirklich nicht glauben, dass mit diesen Instrumenten, Pfannen und Drums so großartige Musik gemacht werden kann. Es war eine herrliche Zeit, und die Kleider für die Wahl der Karnevalskönigin waren fantastisch und künstlerisch hochwertig gefertigt. Etwa zehn bis zwölf der schönsten Mädchen der Insel stellten sich zur Wahl.

Nach den Karnevalstagen 1964 war Shirley, meine kleine Hilfe, schwanger! Der verantwortliche Kerl muss sehr umtriebig gewesen sein. Als Shirley im Krankenhaus gebar, brachte die Frau im Bett neben ihr einen Sohn desselben Mannes zur Welt!

Karneval 1965 schoben wir Margie mit einem Handwagen durch Roseau. Wir wollten zum Dominica Club gelangen, wo ein Tanzfest abgehalten wurde. Als wir das Regierungsgebäude passierten, schlug jemand vor, über die Auffahrt eine Abkürzung zu nehmen. Wir mussten dabei allerdings eine riesige Müllkippe überwinden. Trotz allem Bemühen, sicher darüber zu manövrieren, glitten wir aus und fielen in den Unrat. Wir haben es mit brüllendem Lachen hingenommen …

Als Shirley schließlich wieder zur Arbeit kam, brachte sie ihr Baby mit. Sie hatte es Alison taufen lassen. Wir waren alle bemüht, sie zu trösten und ihr zur Seite zu stehen. Wir hatten kein Kinderbettchen, deshalb musste das Baby mit der unteren Schublade einer Truhe vorliebnehmen. Es schlief sehr friedlich darin.

Als die Ingledews bei uns waren, schlossen sich Caroline und ich einer Gruppe an, die zum Boiling Lake wandern wollte. Hin und zurück sollte das ein siebenstündiger Marsch werden. Geoff und John beschlossen, nicht mitzukommen. Ich war hinterher froh, dass sie es nicht taten. Ich glaube, sie wären auf der Strecke geblieben. Wir waren 18 Personen, einschließlich der drei Führer. Eleanor, Mary Griffin, John Chambers, Charlie Winston, zwei der kanadischen Krankenschwestern – Diane und Marie –, vier Kinder, darunter Suzanna, machten unsere Gruppe komplett.

Da wir vor Einbruch der Dunkelheit zurück sein mussten, hieß es früh aufstehen. Von einem Lastwagen wurden wir abgeholt und zu unserem Ausgangspunkt Laudat gebracht. Am Anfang ging es durch üppiges Unterholz. Die Landschaft war großartig. Die ersten Nerven kostete es, als wir über einen Baumstamm ohne jegliches Geländer eine Schlucht überquerten. Wenn ich heute zurückblicke, frage ich mich, wie wir das überhaupt geschafft haben.

Danach wurde das Land immer unfruchtbarer und schließlich kamen wir in das Tal der Verwüstung, *Valley of desolation*. Der Boden war nun mit kleinen dampfenden Geysiren durchsetzt. Sie rochen giftig. Man musste vorsichtig sein, wohin man trat. Ein falscher Schritt, und der Fuß erlitt starke Verbrennungen.

Einer der Führer hielt uns bei Laune. Er trug einen zünftigen Trilby-Hut, Gummistiefel, Regenmantel und einen Regenschirm. So ausgerüstet, sang er mit lauter Stimme *Flow gently sweet Afton ...*

Eine Stunde später erreichten wir den See. Er sah aus, als wäre er mit Milch gefüllt, und er sprudelte. Der Schwefelgeruch war fast unerträglich, und wir beschlossen, nicht zu lange dortzubleiben. Es hieß, man könne im See ein Ei kochen, aber keiner von uns wollte es versuchen!

Wir aßen in genügender Entfernung unsere Sandwiches, und dann ging es nach Hause zurück. Als wir wieder in Roseau ankamen, waren wir richtig erschöpft. Uns wurde ein heißes Bad angeboten, aber da wir wussten, dass der Boiler nur für eine Wanne genug warmes Wasser lieferte, suchten wir nach einer vernünftigen Lösung. Denn weder Caroline noch ich waren bereit, als mögliche Zweite zu warten. Also teilten wir uns das Bad. So gut, wie es uns tat, wurde es das beste Bad, das wir je hatten.

Wie Joan und Robbie brachten wir auch John und Caroline im Strandhaus in Ti Bay unter. Wir hatten ein wenig Angst, sie könnten es unmöglich finden. Es war sehr einfach, kein fließendes Wasser vorhanden, das Klo in den Büschen …

Es war so ganz anders als ihr normaler Lebensstil. Aber sie liebten es.

Damals war in Dominica das Schmuggeln weit verbreitet. Es war seit Jahren gang und gäbe und schadete eigentlich niemandem. Wir sollten es am eigenen Leib erleben:

Im Strandhaus hatten wir einen Hausmeister, der für Wasser und Holz für den Ofen verantwortlich war. Nachdem wir ein paar Mal dort gewesen waren, und er uns kennengelernt hatte, fragte er, ob wir Interesse hätten, Whisky, Gin, Brandy o. Ä. zu kaufen. Er verlangte nur den Bruchteil des üblichen Preises. Da wir bei unseren langen Abenden gerne etwas tranken, nahmen wir sein Angebot an. Es war übliche Praxis, vor der Rückfahrt am Sonntagabend die Vorräte wieder zu komplettieren …

Der Hausmeister lebte in einer Hütte am Strand. An jenem schönen Wochenende mussten wir früh nach Roseau zurück. Ich fragte John, ob er mit mir den Schnaps holen ginge. Er tat dies gerne. Unser Hausmeister sah uns kommen und ging hinein, um die Kisten für uns herauszuholen. Als er zurückkam, fuhr ein Polizeiauto durch das Tor. Ich stand bereits mit geöffnetem Kofferraum auf dem Vorplatz, bereit, unsere Schmuggelware in Empfang zu nehmen. Was nun tun? Ich hatte einen Geistesblitz! Vor der Haustür stand ein riesiger Kürbis, also hob ich ihn auf, steckte ihn in den Kofferraum und rief: »Danke für den Kürbis.« Dann fuhren wir an der Polizei vorbei davon.

Später am Tag kamen wir zurück, brachten den Kürbis und luden den Alkohol ein. »Warum bist du heute Morgen so schnell wieder verschwunden?«, wollte der Hausmeister wissen. »Hast du nicht gesehen, dass die Polizei gekommen war?«, fragte ich zurück. »Oh doch, aber das sind meine Freunde, sie sind nur vorbeigekommen, um sich mit mir zu unterhalten.«

»Vielleicht wollten sie ihre eigenen Vorräte auffüllen«, knurrte John und schüttelte den Kopf.

Er leistete jedenfalls zum Dank eine kräftige Spende an das Dominica Hospital, damit der benötigte Krankenwagen endlich gekauft werden konnte. Der Hospitals Appeal Fund hatte immer noch nicht das erforderliche Geld zusammen gehabt.

Rookaway war eine Hütte am Strand. Sie lag ein paar Meilen außerhalb von Roseau und diente als eine Art Nachtclub. Dort lernte ich Timothy Leary, den Erfinder von LSD kennen. Er und seine Leute hatten erkannt, dass die ziemlich unbebaute und arme Insel Dominica ein idealer Ort für den Vertrieb der Droge sein konnte. Für die Verbreitung des halluzinogenen Stoffs hatten sie Castaways, das einzige Hotel der Stadt, zu seinem Hauptquartier gekürt.

Gott sei Dank fiel ein Artikel des Time Magazins über Learys Aktivitäten mit seiner Ankunft auf der Insel zusammen. Andernfalls hätte wohl niemand bemerkt, dass er überhaupt auf die Insel gekommen war.

Geoff als S.M.O. befand nach Rücksprache mit anderen Spezialisten, dass es in Dominica schon ohne diese Droge genug verrückte Leute gebe.

Er drang darauf, Leary müsse für sein Projekt irgendwo anders einen Platz unter der Sonne suchen.

In kürzester Zeit wurden er und seine Bande von der Insel vertrieben ...

Wir hatten auch so viel Spaß im Castaways.

Es gab einen guten Strand vor dem Hotel, und fast jeden Sonntag, wenn wir in Roseau waren, gingen wir zum Schwimmen und fuhren Wasserski.

Suzanna wurde darin ziemlich gut, während ich kaum auf den Skiern stehen konnte. Ich bin immer wieder runtergefallen!

Aber Castaways war auch das einzige Hotel.

Sonst gab es nur eine ganze Reihe von Gästehäusern, in denen man recht ordentlich übernachten konnte.

Gegen Ende unserer Zeit auf Dominica wurde Fort Young, ein dringend benötigtes zusätzliches Hotel eröffnet.

Außerdem begannen unsere amerikanischen Freunde, Margie und Pete, mit dem Bau ihres Hotels Island House in Wotten Waven …

Einer der lustigsten Abende, die ich in Dominica erlebt habe, war, als die Honeychurch eine Gruppe organisierte, um eine Crapaud-Jagd in der sumpfigen Gegend um Cunefield durchzuführen. Diese großen essbaren Kröten waren nur in Dominica heimisch. Da sie als erstklassiges Gourmetessen galten und die französischen Inseln Guadeloupe und Martinique sie nicht beheimateten, schickten deren Bewohner sogar Schnellboote herüber, um die Delikatesse zu holen. Ihnen wollten wir es gleichtun.

Sobald es dunkel wurde, machten wir uns mit unserem »Flambeau« auf den Weg.

Bambusrohre, deren Pfeile Spitzen aus flammbarer Baumwolle hatten, wurden mit Kokosöl eingefettet, angezündet und für die Jagd benutzt.

Nicht nur unser Weg wurde mit den brennenden Pfeilen erhellt, sondern auch die Kröten wurden damit geblendet und verwirrt. So wollten wir sie fangen und in unsere Jagdbeutel verstauen. Was haben wir gelacht, mit welchen Possen viele von ihnen dabei davonkamen.

Wir hatten mehr Erfolg mit der Methode, die wir beim Fangen von Landkrabben anwandten, – einfach schnell zugreifen. Die Krabben haben übrigens einen hervorragend schmeckenden Krabbenrücken …

Nach dem Fang mussten die Kröten eine Woche lang mit Brot und Paprika gefüttert werden. Sonst konnte man sich an dem Essen vergiften, das die Kröten vorher verschlungen hatten. Nur die Beine konnten überhaupt gegessen werden. Für mich schmeckten sie wie Knoblauch-Hühnchen. Das Fleisch war allerdings zarter …

Als römisch-katholische Insel während der Besetzung durch die Franzosen leistete die Kirche einen großen Beitrag zur Gesunderhaltung der Inselbewohner. Eine Nonne betreute die Säuglingsklinik in Roseau, die sich hauptsächlich um mangelernährte Babys kümmerte. Vier Nonnen arbeiteten im Krankenhaus und vier entzückende Krankenschwestern kamen durch eine katholische Wohltätigkeitsorganisation dazu. Sie gingen über Land, wohnten bei den Dorfbewohnern und halfen in den örtlichen

Krankenstellen. Wir haben sie alle gut gekannt. Nonnen wie Krankenschwestern wurden mehrfach zum Tee eingeladen.

Die Nonnen besuchten uns auch zu Weihnachten und brachten für Suzanna Geschenke mit – Parfüm, Puder und vieles mehr. Diane, eine der hübschen Krankenschwestern, kam öfter und blieb bei uns, wenn sie gelegentlich nach Roseau musste. Sie hatte langes blondes Haar, das sie mit Sonnenlichtseife wusch. Ich bin mit ihr einmal außerhalb von Roseau in die Leprakolonie gefahren. Bevor sie nach Dominica kamen, hatte man die Krankenschwestern geheißen, das Wasser nicht zu trinken, bevor es sterilisiert war. Sie achteten allerdings nicht darauf, dass man ihnen, überall, wo sie Kontakte knüpften, Eis in die Getränke tat.

Das Eis wurde in Blockform von der Ice-Company produziert. Das Wasser dafür kam direkt aus dem Roseau River. Alle vier Schwestern holten sich eine schlimme Hepatitis. Obwohl wir wussten, dass unser Wasser auch aus dem Fluss gepumpt wurde, hatten wir uns angewöhnt, es ebenfalls direkt aus dem Wasserhahn zu trinken. Gott sei Dank hatten wir niemals Probleme damit …

Der große Geburtstag des Dichters sollte geehrt werden. Es gab einen Shakespeare-Ball zu seinem Gedenken. Wir mussten uns als eine der Figuren in seinen Stücken verkleiden. Margie und ich trugen ein Glas in jeder Hand und einen Eiskübel zwischen uns. Wir gingen als *Measure for Measure*, als Maß für Maß. Unser Freund Bill ging als Maurer. Suzanna, Susan und Rebecca, eine Freundin aus Barbados, die bei uns wohnte, verkleideten sich als die drei Hexen aus Macbeth. Der Ball wurde eine lustige Angelegenheit …

Das Komitee des Dominica Hospitals Appeal Fund war der Meinung, dass wir mit einem Esel-Derby am Ostermontag eine Menge Geld sammeln könnten. Auf Dominica gab es nur wenige Pferde, aber eine Menge Esel. Weil Rennen als solche den Insulanern ziemlich unbekannt waren, hofften wir, sie auf eine solche Veranstaltung neugierig zu machen und zum Kommen zu bewegen. Natürlich forderte die Vorbereitung eines Derbys großen Organisationsaufwand. Den wollten wir aber gerne erbringen.

Wir haben zunächst aus ungefähr 40 Personen ein Komitee gebildet.

Alle waren bereit, ihre Zeit und gute Ratschläge einzubringen. Dann haben wir uns regelmäßig getroffen, um alle denkbaren Hürden aus dem Weg zu räumen. Tommy Coulthard entwickelte den Aufbauplan für den Rennkurs in Windsor Park. Der Park lag auf einer ehemaligen Müllhalde. Tommy entwarf die Ställe, den Bereich für die Zuschauer und die Verkaufsstände. Selbst eine Tragetasche wurde als Souvenir entwickelt.

Mit Genehmigung der Army-Administration ging ich zur Propagandaabteilung und fragte, ob sie uns Materialien zur Verfügung stellen könne. Schließlich wurde ich im Gefängnis vorstellig und fragte den Gouverneur, ob er aus den Reihen der Gefangenen Arbeitskräfte für den Bau der Rennstrecke stellen würde. Er gab sein O. K.

Wir wandten uns an Herrn van Geest, und der stellte nicht nur seine Lastwagen für den Transport der Esel bereit, sondern sponserte auch noch eine Erinnerungstasse und ein gehöriges Preisgeld.

Wir schrieben an alle Dorfältesten, erklärten ihnen unser Vorhaben und fragten, wie viele Esel sie für das Derby aufbieten könnten.

Wir haben an alle großen Firmen geschrieben, die Dominica mit irgendetwas belieferten, und baten sie, aus ihren Sortimenten Preise für die Tombola zu spenden.

Wir selbst haben in Heimarbeit Satteldecken, farbige Tücher und Mützen hergestellt.

Das Derby wurde in der Presse und im Radio beworben.

So konnten wir die ganze Insel erreichen.

Beim Meldeschluss wussten wir, dass 40 Esel starten würden.

Ich war wochenlang, wie die meisten Komiteemitglieder, täglich in Windsor Park.

Die Gefangenen haben gute Arbeit geleistet.

Auch Einzelprobleme wurden geklärt: »Was ist, wenn störrische Esel nicht starten wollen?«, fragte ich Brian Blutcher, den staatlichen Tierarzt.

»Mach dir keine Sorgen«, antwortete er, »sie werden starten, dafür sorge ich.«

Er entwickelte ein elektrisches Gerät, mit dem die Esel am Hinterteil angespornt werden konnten!!

Tommy sagte zu, die Tragetaschen zu vermarkten, und Waddy, dem der Supermarkt gehörte, organisierte eine Art Jahrmarkt, um die Zuschauer zwischen den Rennen zu unterhalten.

The Ladies hatten einen endlosen Vorrat an Getränken und Essen auf ihren Ständen.

Wir teilten die Esel in fünf Achterrunden auf.

Der erste Esel in jeder Runde kam ins Finale.

Am Tag vor dem großen Ereignis holten die Lastwagen die Esel aus allen Teilen der Insel ab und brachten sie zu den Ställen im Windsor Park. Damit war sichergestellt, dass es keine Last-Minute-Probleme mit ihnen gab. Alle würden rechtzeitig dort sein.

Wir hatten aufwendige Eintrittskarten gedruckt, und Mary hatte jedem Esel einen Namen gegeben.

Der Tag brach an, und unser Komitee wartete voller Besorgnis, ob genügend Besucher auftauchen würden.

Wir hatten leider keinen Vorverkauf abgehalten.

Aber es gab keinen Grund zur Sorge. Bald waren alle Plätze besetzt, und emsiges Wetten begann.

Bei Getränken und Essen wurde reichlich zugelangt.

Die ganze Atmosphäre war aufregend.

So hatte Dominica am Ostermontag 1964 ihr erstes Esel-Derby. Und es wurde ein großer Erfolg.

Es gab nur eine Sache zu bemängeln: Die Ställe waren an der Seite der Straße gebaut worden, die zum Siegerpodest führte. Ein paar Esel entschlossen sich, auf ihr einfach nach Hause zu traben. Da hat eine Absperrung gefehlt!

Die Eselin Judy hat gewonnen. Ich kann ihren Reiter heute noch vor meinen Augen sehen. Es war ein kleiner Junge, höchstens zehn Jahre alt. Er hat seinen Esel bis zuletzt mit dem Halteseil angespornt. Der flog dahin wie eine Fledermaus aus der Hölle …

An diesem Tag haben wir jedenfalls reichlich Geld für unseren Appeal Fund eingesammelt.

Nach dem Derby wurde ich gebeten, im Komitee des Dominica Clubs mitzuarbeiten. Ich kann ihn eigentlich nur als *All-White-Club* bezeichnen.

War man zu mehr als 1/32-Teilen farbig, durfte man nicht dazugehören bzw. wurde nur akzeptiert, wenn man mit einem Mitglied verheiratet war.

Ich fand diese Regel ein bisschen lächerlich, schon weil auf der Insel nur so wenige Weiße lebten.

Die Hauptaufgabe des Komitees bestand zwar darin, die Unterhaltung für weiße V.I.Ps., die zu Besuch kamen, und die weißen Armee- und die Marine-Angehörigen vor Ort und auf der Durchreise, zu organisieren. Doch dies als Begründung für das Auswahlkriterium reichte mir nicht …

Es gab reichlich Tennisplätze, und ich habe fast jeden Tag Tennis gespielt.

Daneben existierte der Union Club, der den farbigen Dominikanern vorbehalten war. Es wäre von uns unverschämt gewesen, angesichts der für den Dominica Club geltenden Regeln, dort eine Mitgliedschaft zu beantragen.

Nach längerem Aufenthalt freute sich Geoff riesig, dass er zu einer Pokerrunde eingeladen wurde. Die setzte sich aus Schwarzen und Weißen zusammen. Frank, der früher Premierminister, gehörte zu den Schwarzen. Die Spieler kamen gut miteinander aus. Irgendwann wurde uns sogar vorgeschlagen, dem Union Club beizutreten. Das haben wir als sehr großes Kompliment empfunden, ließen aber davon ab.

Als wir auf dem lokalen Sender in einer Wettermeldung hörten, dass ein Hurrikan namens Edith auf uns zukäme, haben wir dessen Verlauf auf einer Karte angeschaut, die wir bei der Esso-Tankstelle kauften. Man empfahl uns im Radio, wir sollten die Badewanne mit einem Wasservorrat füllen und Kerzen, Streichhölzer und Nahrungsmittel bereithalten. Die Zeit kam, zu der Edith auf uns treffen sollte. Wir waren gut verbarrikadiert und gesichert. Schwere Holzbretter schützten die Fenster. Wir waren zuversichtlich, dass das Haus dem Ansturm des Windes standhalten würde. Das hatte es offensichtlich seit mehr als 100 Jahren getan. Aber das Dach machte uns Angst, es war aus Wellblech!

Der Wind in der Nacht wurde sehr stark. Als Geoff morgens, wie immer, aufstand, um den Tee zuzubereiten, sagte er: »Wenn das wirklich ein Hurrikan war, dann haben wir in Loddiswell Schlimmeres erlebt.« In dem Moment kam ein besonders heftiger Windstoß, und es erfolgte ein ohrenbetäubender Lärm. Es war uns klar, dass etwas Schreckliches passiert sein musste.

Wir waren froh, Suzanna sicher in Barbados im Internat zu wissen. Barbados hatte der Hurrikan umgangen.

Nun war doch noch unser Wellblechdach weggeflogen!

Es regnete in Strömen.

Irgendwann wurde die erste Platte unserer Celotex-Decke so feucht, dass sie auf den Boden klatschte.

Als das Gewicht des Wassers in der Decke zunahm, folgten die anderen Platten nach. Der aufkommende Geruch war unbeschreiblich. Denn mit den Paneelen kamen 30 Jahre Fledermauskot zu uns herunter.

Man muss unser Bad gesehen haben, die von uns gefüllte Wanne lag tief im Wasser. Wasserreserven hatten wir nun genug! Als der Hurrikan vorbei war, zogen wir Bilanz. Wir hatten weder ein Dach noch eine Decke über dem Kopf, und es floss ein Fluss durch unser Wohn- und Esszimmer. Ich war völlig durchnässt, obwohl ich mich schon zweimal umgezogen hatte.

Geoff sagte, er müsse ins Krankenhaus, um sich zu vergewissern, dass dort alles in Ordnung sei. Aber unten auf der Straße lagen Bäume quer. Er musste also zu Fuß los. Ich wies ihn an, seinen Kopf zu schützen. Denn Trümmerstücke flogen im starken Wind herum. Sie hätten ihn enthaupten können. Er sah komisch aus, als er mit seiner alten Jagdmütze loslief. Sie spendete ihm aber wohl »britische Wärme und Sicherheit«.

Gott sei Dank war im Krankenhaus alles in Ordnung.

Wir hingegen stellten fest, dass unser Haus, weil wir oben auf Mourne Bruce wohnten, mehr Schaden genommen hatte als jedes andere.

Wir wurden aus dem Haus evakuiert, und die Lovelaces luden uns ins G.H. ein. Dort wurden wir untergebracht, bis unser Haus repariert war. Das dauerte übrigens fünf Monate.

Der erste Moment in G.H. war wundervoll. Es hatte die einzige Warmwasserversorgung in Roseau, und es war himmlisch, in ein heißes Bad zu steigen und eine Weile darin zu liegen. Ich wollte mich gar nicht wieder anziehen. Nach einer Tasse Tee sagte unsere Gastgeberin: »Steigen wir ins Auto und fahren wir durch Roseau, um zu sehen, welche Schäden dieses Elementarereignis angerichtet hat.«

Wir waren froh, dass, obwohl eine ganze Reihe mächtiger Bäume umgefallen war, keine größeren Schäden entstanden waren. Auf dem Rückweg nach G.H. fuhren wir an der Ufermauer vorbei. Plötzlich schwappte eine gewaltige Welle hoch und traf unser Auto. Weil die Fenster offen waren, wurde ich wieder durchnässt …

Zu meinem Geburtstag schenkte mir Geoff das Auto meiner Träume. Es war ein weißer Zweisitzer-Sprite Austin-Healey mit »Glotzaugen«. Er sah aus wie ein großes Spielzeug! Manchmal verbrauchte es Sprit für zwei, aber das schien nicht zu schaden. Ich habe es geliebt, und als wir Dominica verließen und nach Jamaika gingen, fuhren wir auf dem Seeweg extra mit einem Cargo-Schiff. Der Sprite konnte dadurch mit uns kommen.

Unser Haus war endlich repariert, und wir zogen Ende November wieder um. Man hatte gute Arbeit geleistet und sogar eine Reihe von Verbesserungen vorgenommen. Darunter war eine große Terrasse auf der Rückseite des Hauses. Wir hatten nun einen fulminanten Blick auf das Roseau Valley. Wir dachten dort oft demütig darüber nach, wie viel Glück wir doch hatten. Zahlreiche Gelegenheiten, eine solche Aussicht zu genießen, bei der sich die weiten Hügel unter Regenbögen einfärbten, hatte nicht jeder.

Jim Mulligan, unser netter irischer Polizeichef, sagte dazu treffend: »Wenn ihr mal umzieht, ziehe ich in euer Haus.

Dann kann ich bei allen illegalen Rumverkäufen im Roseau Valley zuschauen.«

Nachdem das Rennen zu Ostern so erfolgreich verlaufen war, hat das Komitee des D.H.A.F. überlegt, was wir sonst noch tun könnten, um Geld für unsere Zwecke zu sammeln. Es sollte jedenfalls etwas Neues sein.

Also kam uns die Idee, ein Theaterstück einzuüben und an den drei Abenden nach Weihnachten aufzuführen.

Wir entschieden uns für Aschenputtel.

Mary verfasste das Drehbuch und passte den Inhalt ein wenig dem Lokalkolorit an. Sie machte einen super Job.

Dann mussten Schauspieler vorsprechen. Schnell fanden wir die richtigen Leute für die einzelnen Charaktere. Tommy C. und Jack Baker wurden als die hässlichen Schwestern besetzt. Keith Alleyne, der Generalstaatsanwalt, machte einen hervorragenden Baron-Kater her.

Wir haben wochenlang fast jeden Abend geprobt und die St. Gerards Hall wurde unser zweites Zuhause.

Die Halle lag an einer Einbahnstraße, die an der Rückseite der Regierungsbüros vorbeiging.

Eines Tages kam ein Polizist in den Raum, als wir mitten in einer Probe waren. Er überreichte mir einen Umschlag mit der Aufschrift »Madame, mit dem Auto rückwärts über eine Einbahnstraße zu fahren ist immer noch illegal!« Unterzeichnet die Staatsanwaltschaft!

Man hatte mich wohl durch das Bürofenster gesehen.

Wir hatten so viel Glück, John Armstrong bei uns zu haben. Er war ein begnadeter Künstler, der ein Jahr lang Dominica seine Dienste erwies. Er malte alle Bühnenbilder und fertigte eine wunderschöne Kutsche aus Zinnfolie.

Meine Montagsklasse mit den zukünftigen Ballerinas wurde zu Feen. Ich brachte den Kindern einen kleinen Tanz bei. Sie führten ihn mit Ingrid aus, die Patin der kleinen Feen wurde. Sie sahen in ihren weißen Tutus alle so süß aus. Suzanna und Susan, die in der Schule in Barbados ebenfalls Ballett lernten, mussten in den Ferien zu Hause auch Feen spielen. Ihre Freude war nicht allzu groß darüber.

Jean Thompson spielte die Geliebte von Wardrobe.

Alle spielten ihre Rolle voll Engagement und gut. Die Kostüme waren fantastisch. Das übliche Team der Ladys sorgte professionell für die Erfrischungen, die in der Pause zum Verkauf standen. Wir haben drei Nächte lang vor vollem Haus gespielt. Insgesamt wurde es ein voller Erfolg.

Mir wurde gesagt, dass einige Amerikaner im Publikum wissen wollten, woher der Baron seine Perücke hatte. Ich ließ ihnen sagen, er spiele mit eigenen Haaren.

Es war befriedigend, in den lokalen Zeitungen so viele begeisterte Kritiken zu lesen. Letztlich haben wir wieder eine beachtliche Summe für die Krankenhäuser eingespielt. Ich muss noch hinzufügen, dass wir auch vor Weihnachten mit Weihnachtsliedern Geld gesammelt haben. Ein sehr guter Chor hat das möglich gemacht.

Sportlich konnte ich auch ein positives Fazit ziehen: In den zwei Jahren 1963 und 1964 schaffte ich es, in das Finale der Tennismeisterschaft der Frauen vorzustoßen.

Sie wurden auf dem Platz von G.H. ausgetragen. In beiden Fällen musste ich gegen Gertie Davies spielen, die als Sekretärin in den Regierungsbüros arbeitete.

Wir spielten ein lausiges Tennis. Zum Glück schlug ich sie beide Jahre. 1962 behielt sie noch die Oberhand.

Ich war so nervös, dass mein Coach meinte, er würde eine Flasche Brandy anstelle von Wasser bereithalten, um meine Nerven zu beruhigen.

Unser Haus war ein Zuhause für viele Menschen geworden. Nach der Neujahrsfeier im Dominica Club saßen wir alle auf unserer Terrasse und warteten darauf, dass die Dämmerung hereinbrach. Da ich reichlich Rum getrunken hatte, weinte ich vor Trauer, dass 1964 zu Ende ging.

Ich wollte 1965 nicht, denn unser 3-Jahres-Vertrag würde zu Ende gehen und wir würden im Mai wieder abreisen.

Es blieben nur noch fünf Monate.

Wie schwer sollte es mir werden, diese schöne Insel und die vielen lieben Menschen zu verlassen.

Niemals hatte ich mich so wohlgefühlt, an keinem anderen Ort, an dem ich gelebt hatte.

Ich nehme an, es lag mit daran, dass ich dort zum ersten Mal in meinem

Leben wirklich etwas Nützliches getan habe und sogar viel Spaß daran fand.

Zu diesem Zeitpunkt waren wir uns unserer Zukunft nicht gewiss.

Wir konnten unseren Mietern Bescheid geben und in unser Haus in Devon zurückkehren. Aber wir hatten auch ein Problem mit dem Haus in Kenia. Der Sohn unseres Generals hatte sich nicht als Gentleman erwiesen. Die uns zustehenden Zahlungen hat er schlichtweg nicht geleistet. Er reagierte nicht einmal auf Anwaltsbriefe. Schließlich drohten wir ihm, als Besitzer der Zweithypothek und weil er uns viel Geld schuldete, nach Kenia zurückzukehren, um unser Eigentum wieder zu übernehmen. Letztendlich hat diese Drohung gewirkt, und er hat das Geld bezahlt.

In der Zwischenzeit wurde Geoff von der Universität von Westindien in Jamaika gebeten, für ein Jahr dorthin zu kommen, um eine Blutbank am Universitätskrankenhaus einzurichten. Warum nicht, sagten wir uns! Es wäre interessant, Jamaika kennenzulernen, und Pläne für danach konnten wir durchaus für ein weiteres Jahr aufschieben.

Die restliche Zeit nutzten wir mit sehr ausgelassenen Dingen. Manchmal saßen wir in Vorfreude auf Jamaika mit unseren Freunden zusammen und erzählten Witze oder hörten, wie Bill, Jimmy und Anthony schlüpfrige oder knallige Rugby-Songs sangen. Einmal warfen wir Anthonys Schuhe über die Morne. Das war kein guter Gag. Anthony hatte missgestaltete Füße und brauchte spezielle Schuhe. Zerknirscht suchten wir sie. Erst am nächsten Morgen bekam er sie wieder.

Es gab zwei besonders krasse Typen auf Dominica, von denen ich noch berichten muss. Beide waren Aristokraten: Peter, ein jüngster Sohn, dem geraten worden war, in die Kolonien nach Kanada zu gehen, war der eine von ihnen. Auf dem Weg zurück in das Vereinigte Königreich verliebte er sich in Dominica und blieb für immer dort.

Zuerst bekam er zwei Kinder von seiner Köchin. Später heiratete er sie und hatte fünf weitere Kinder mit ihr. Sie unterschieden sich sehr in der Farbe. Einige waren weißer, einige dunkler, aber alle waren hübsch. Eines Abends waren wir bei ihm zu einem kleinen Gelage. Er erzählte aus seinen

Kindertagen. Wir hörten dabei, dass die Herzogin von Westminster seine Jugendfreundin war.

Dann war da noch Alma, die Mutter meines Freundes Pat, verheiratet mit Ted. Die Familie war schon viele Jahre auf der Insel. Alma gehörte einige Zeit dem Legislativrat an. Sie lebte in einem schönen Haus in Point Baptiste, das einen eigenen Strand hatte, und wir verbrachten dort viele Wochenenden. Wir erfuhren, dass sie die Tochter von Sir Richard Gordon Cumming sei, der in den Tranby-Croft-Skandal verwickelt war. Er hatte in der Regierungszeit von Victoria mit dem damaligen Prinzen von Wales, dem späteren Edward VII, im Haus der Lycett Green Bakkarat gespielt. Er wurde danach beschuldigt, betrogen zu haben. Der Fall kam vor Gericht. Der Prinz von Wales sagte gegen ihn aus. Sir Richard wurde trotzdem freigesprochen. Er zog sich aus der Gesellschaft zurück. Man nahm an, man würde bei seinem Tod erfahren, dass er jemand anderen gedeckt habe. Aber es trat nichts zutage. Geoff liebte solche Geschichten …

Mr. van Geest hatte sein neues Schiff Geestholm getauft.

Als es auf seiner Jungfernfahrt nach Dominica einlief, wurden wir zu einer Party an Bord gebeten. Dieses Fest sollte das einzige werden, auf dem ich so viel echten Kaviar essen durfte, wie ich wollte. Da lockten, immer gefüllt, diese prächtigen Schüsseln mit dem schwarzen Gold, die in noch größeren Schüsseln auf Eis lagen …

Die nächsten fünf Monate vergingen viel zu schnell, aber es gab viele Abschiedsfeiern. Margie und ich landeten dabei immer im Swimmingpool unserer Gastgeber, wenn sie einen hatten.

Bei Jean und Ray gab es keinen Pool, aber der Fluss Roseau verlief direkt neben ihrem Grundstück. Fast alle Partygäste beschlossen, schwimmen zu gehen. Um zum Fluss zu gelangen, mussten wir durch Lindenhaine laufen. Es war nicht einfach, im Dunkeln den Weg zu finden.

Bill warf direkt alle Anziehsachen am Flussufer von sich.

Das stellte sich nachträglich als fatal heraus:

Als Suzanna nach uns suchte und auf die Kleidungsstücke stieß, nahm sie die fürsorglich zum Haus mit zurück.

Bill tauchte an der Stelle wieder aus dem Fluss auf, an der er seine Sachen liegen lassen hatte. Sie waren allerdings verschwunden. Barfuß und fast nackt ging der arme Kerl durch den Lindenhain zurück.

Margie hingegen verlor einen goldenen Ohrring. Am nächsten Morgen gingen wir flussabwärts auf Suche. Unsere Hoffnung, ihn zu finden, erfüllte sich nicht …

Suzanna kehrte zum Ende der Osterferien nach Barbados zurück, sollte uns aber später nach Jamaika folgen.

Das Abschiednehmen ging weiter:

Dr. Wisse, ein Holländer, der für die Klinik in Marigot verantwortlich war, kam, um Auf Wiedersehen zu sagen.

Er brachte mir eine große Menge Anthurien mit, die sich allerdings als Plastikblumen herausstellten.

Er erzählte uns von einem Jungen, der gerade mit dem Ohrläppchen in der Hand in seine Praxis gekommen war und bat, dass es wieder angenäht würde.

»Hast du eine so feurige Geliebte?«, hat er seinen Patienten gefragt. »Es war nicht meine Freundin«, antwortete der. »Es war ein Polizist!« …

Stephen Hawys, der Künstler, der immer einmal im Monat bei uns zu Mittag aß, kam zum letzten Mal und brachte mir einen Arm voll echter Anthurien sowie ein Gemälde mit. Es hängt heute noch in Suzannas Schlafzimmer.

Er trug seine Haare in einem langen Page-Boy-Bob und war ziemlich genervt, wenn ihm jemand von hinten auf die Schulter klopfte und sagte: »Entschuldigen Sie, Madam.« …

Louison, der junge Künstler aus Trinidad, brachte mir die beiden Bilder, die ich bei ihm in Auftrag gegeben hatte.

Sie zeigten zwei typische Bretterbuden. Ich hatte mich einmal all seiner Bilder angenommen, die er auf den anderen Inseln gemalt hatte. Er erzählte mir, er sei mit einem kleinen karibischen Mädchen verheiratet, das aber nie das Reservat verließe.

Stan Alfonso, der Bankdirektor, brachte uns einen wunderschönen antiken französischen Hocker. Der bekam in unserem Wohnzimmer einen Ehrenplatz.

Die Ärzte gaben uns ein Abschiedsessen im Fort Young Hotel. Sie überreichten uns ein gerahmtes Foto des Layou Flusses.

Ich erhielt vom Roten Kreuz London eine Ehrenurkunde für meine geleistete Arbeit und wurde für die Auszeichnung »Frau des Jahres« nominiert, die von unserer Tageszeitung auf Dominica ins Leben gerufen worden war.

Als die Zeit für uns gekommen war, auf der Federal Maple, dem Schwesterschiff der Federal Palm, nach Jamaika abzureisen, luden uns Margie und Pete Brand eine letzte Woche ins Island House ein, das Hotel, welches sie in Wotten Waven inzwischen gebaut hatten.

(Die beiden Schiffe hatte Kanada der in Gründung begriffenen Föderation der Britischen Inseln Trinidad und Jamaika übergeben, die dann gar nicht zustande kam.)

In der Lugaroo Lounge richteten Margie und Pete eine Party für uns aus. Am Abend danach sollte das Schiff um 19.00 Uhr ablegen.

Bill lud uns zum letzten Drink um 17:30 Uhr in den Green Parrot ein, eine Bar direkt am Wasser. Können Sie sich vorstellen, wie überwältigt wir waren, als wir dort von einer Steelband – draußen und drinnen ungefähr 50 Personen – begrüßt wurden? Alle unsere lieben Freunde waren da, um uns zu verabschieden.

Als es Zeit für uns wurde, an Bord zu gehen, kamen sie mit uns zur Muelle und sangen unter Begleitung der Band Karnevalslieder. Es war ein Abschied voll Emotionen. Vom Schiff und von der Küste wurde gewunken, bis wir außer Sichtweite waren. Ich wusste instinktiv, dass ich diese lieben Menschen wohl nie wiedersehen würde.

Eine Abschiedszeremonie vergaß ich zu erwähnen: Als Geoff zum Schluss noch eine Schule inspizieren musste, die sich in einem Dorf im Landesinneren befand, warteten alle Kinder unter einem Baum versammelt, als er mit dem Jeep ankam. Als er sich ihnen näherte, gab ihr Lehrer das Kommando »Eins, zwei, drei!« und alle sangen aus vollem Hals: *Pa Foster went to Gloucester in a shower of rain …*

Jamaika 1965–1971

Am 12. Mai waren wir auf hoher See. Die Federal Maple erwies sich als sehr komfortables Schiff. Wir hatten eine schöne Kabine und auch das Essen war gut. Da die Reise über Nacht stattfand, konnten wir tagsüber die Inseln erkunden.

Montserrat, Antigua und St. Kitts – alle waren reizvoll und doch sehr verschieden.

Am 17. Mai kamen wir in Jamaika an und wurden von Dr. Paul Milner in Empfang genommen, der uns bereits auf Dominica besucht hatte. Er nahm uns nach Hause zum Mittagessen mit und stellte uns seiner Frau Ann vor.

Sie sollten unsere Freunde werden.

Geoff arbeitete bei dem Aufbau der Blutbank für das U.C.H. mit Paul zusammen. Der war Leiter der Hämatologie.

Nachdem wir meinen Sprite von Bord geholt hatten, wurden wir in einen Bungalow auf dem Krankenhausgelände gebracht. Der sollte vorerst unser Zuhause sein. Normalerweise wäre er von einem Anästhesisten belegt gewesen. Die vier Häuser in dieser Sackgasse waren nämlich für Anästhesie reserviert. Für den Moment gehörte er nun uns.

Das Haus war recht geräumig und hatte ein Wohn-Esszimmer, drei Schlafzimmer, zwei Badezimmer, eine Küche und eine Waschküche. Vor dem Wohnzimmer lag ein großer Garten. Ein Zimmermädchen wurde gestellt.

Nachdem wir Dominica verlassen hatten und schon auf Jamaika lebten, erhielten wir einen Brief von Mary Griffin, die inzwischen gemeinsam mit

Margie und Tommy den Fonds leitete. Sie lud uns zum 2. Esel-Derby nach Dominica ein. Ich sollte sogar dem Gewinner den Pokal von The Foster überreichen. Leider konnten wir nicht kommen ...

1966 wurde ein sehr ausgefülltes Jahr.

Sobald wir Zeit fanden, machten wir uns auf den Weg, eine Schule für Suzanna zu suchen. Es schien uns unsinnig, sie auf Barbados zu lassen, besonders weil es auf Jamaika gleich gute Schulen gab. Nach dem Inspizieren einiger Schulen entschieden wir, dass die Bischöfe in Mandeville das Richtige waren. Suzanna wurde dort ab September für Geoffs gesamte neue Dienstzeit als Internatsschülerin angemeldet.

In kürzester Zeit war ich wieder in die Gesellschaft integriert. Es gab eine Rote-Kreuz-Station, und ich besuchte sie einmal die Woche mit meinem Wagen. Der war dann mit all den kleinen Extras beladen, die Patienten gebrauchen konnten.

Bald half ich im Rehabilitationszentrum für Polioopfer aus.

Es war von John Golding, dem Leiter der Orthopädie, eingerichtet worden. Einige Jahre zuvor war es nämlich auf der Insel zu einem schweren Ausbruch an Kinderlähmung gekommen, und viele Kinder waren erkrankt.

Pat, Johns Frau, wurde eine großartige Freundin, und gelegentlich fuhr ich mit ihr über die ganze Insel, um Geschäfte aufzusuchen. Wir kauften auch viele Artikel, die Patienten herstellten.

Später sollte John für seine Leistungen auf der Insel zum Ritter geschlagen werden. Ich wurde ins Blutbankkomitee benannt. Unsere Hauptaufgaben waren die Optimierung der Verwaltung, die Leute zu überreden, ihr Blut zu spenden und Sammelstellen aufzubauen.

Die Armee hatte ihren Sitz im Up-Park Camp. Obwohl fast 100% der Soldaten Jamaikaner waren, sah man ab und zu noch ein paar weiße englische Offiziere.

Es gab einen Reit-Club, der für die Öffentlichkeit zugänglich war. Ich wurde gefragt, ob ich jeden Montagnachmittag eine Klasse für Anfänger leiten würde, was ich gerne übernahm. Gelegentlich bat Sue, die den Club leitete, um meine Mithilfe Army-Transportmittel zu besorgen, z.B. um

Pferde nach Port Henderson zu bringen, damit sie im Meer schwimmen konnten. Dies geschah dann normalerweise an einem Samstagmorgen. Es hat Spaß gemacht, dabei zu sein, und die Pferde haben es genauso geliebt wie wir.

Dann freundete ich mich mit Mary M. an, die Meeresbiologin war und eine Doktorarbeit über den weißen Seeigel schrieb. Ich wurde ihr »Kumpel«. Alle zwei Wochen erbat sie das Boot und den Bootsführer unserer Abteilung, um zum Sammeln von Seeigeln in die Cays zu schippern.

Wir nahmen eine Limette mit, da wir nach dem Zerlegen und Messen ihren Rogen aßen. Er war köstlich.

Einmal fuhren wir über ein ganzes Bett von großen Fechterschnecken. Wir haben eine Reihe davon eingesammelt und mitgenommen. Sie sind nicht nur frittiert sehr lecker, ihr Haus ist zudem wunderschön verziert.

Darüber hinaus habe ich von Zeit zu Zeit bei der Organisation verschiedener Symposien mitgearbeitet und einen Schreibpool eingerichtet, um die Ergebnisse der von Experten verschiedenster Bereiche eingereichten Arbeiten zu übertragen. Das war sehr interessant.

Fast jeden Nachmittag spielte ich Tennis und fast jeden Abend Bridge oder Mah-Jongg. Geoffrey spielte ebenfalls Mah-Jongg, aber während ich Bridge spielte, bevorzugte er Poker.

Im März 1966 besuchten die Königin und der Herzog von Edinburgh Jamaika, und wir wurden zu einem Empfang im Government House eingeladen.

Wir mussten lange auf das Ende des Galaessens warten.

Erst danach kamen die Würdenträger heraus, um die Gäste zu begrüßen. Ich glaube, Prinz Philip erkannte Geoff wieder.

Er hatte ihn ja kennengelernt, als mein Mann ihn im Krankenhaus in Dominica begleitete.

Der Prinz kam zu uns und sagte: »Und wie geht es Ihren Füßen nach der langen Wartezeit?«

Im folgenden Monat mussten wir aus dem Haus ausziehen. Ein neuer Anästhesist war angekommen und hatte das Recht, dort nun einzuziehen.

Also zogen wir eine Zeit lang ins Olympia Hotel, bis ein anderes Zuhause für uns gefunden war.

Während wir dort lebten, kam Morwenna, Geoffs Patentochter für drei Wochen. Sie war kurz zuvor geschieden worden.

Wir umrundeten zusammen in meinem Sprite die ganze Insel und haben auch ein Wochenende mit den Denshams verbracht, die ein Ferienhaus am Treasurers Beach besaßen.

Ende Juni ging Geoff für Suzannas Schulabschluss allein zu den Bischöfen. Er saß während der Reden neben einer Amerikanerin, die wissen wollte, wo seine Frau sei. Als Geoff ihr erzählte, dass ich gerade Bridge spiele, zeigte sie großes Verständnis für meine Abwesenheit. Sie war selbst eine leidenschaftliche Spielerin.

Am nächsten Tag rief sie mich an und lud mich in den Liguanea Club in Kingston ein. Sie wohnte in der Nähe in einem Bungalow. So kam Dottie in mein Leben und alles, was im Liguanea Club vor sich ging. Der Club wurde mir fast wie ein zweites Zuhause. Er wurde von Eric und Tony Burton geführt. Eric war ein pensionierter Colonel.

Wir haben viel Bridge gespielt, und ich habe eine ganze Reihe neuer Leute außerhalb des Universitätsbereiches kennengelernt. Das bot neue Impulse.

Es gab rund um den Club Tennis- und Squashplätze, einen Pool, ein Restaurant, das bis 23:00 Uhr geöffnet war.

Ein Neun-Loch-Golfplatz verleitete mich, Unterricht bei einem Pro zu nehmen. Es wurde monatlich Bingo und Tanzen angeboten. Mein Leben wurde vielfältiger und lustiger.

Eines Tages, als ich in den Club fuhr, wurde ich von einem Verkehrspolizisten auf dem Motorrad angehalten. Der rügte, dass ich nicht die aktuelle Steuerplakette habe. Ich antwortete ihm, sie sei wohl heruntergefallen.

Er suchte aber weiter nach Ärger. Nachdem er sich meinen Wagen genau angesehen hatte, bemängelte er, ich habe auch keinen Scheibenwischer. Ich antwortete, die müssten wohl ebenfalls gerade heruntergefallen sein.

Er erwiderte bissig: »Dann werden Sie den Wagen wohl vorführen müssen«, und ging ...

Manchmal spielte ich Bridge mit den Phillips im G.H.

Er war zeitweiliger Gouverneur.

Im Verlauf unseres Gesprächs erwähnte ich den Vorfall mit dem Verkehrspolizisten.

»Denk nicht mehr darüber nach«, riet er mir.

»Ich bezweifle, dass die Polizei dem wirklich nachgeht.«

Also dachte ich nicht mehr darüber nach ...

Deshalb war es ein großer Schock für mich, als ich sechs Monate später aufgefordert wurde, am folgenden Montag vor Gericht zu erscheinen. Es war schon Donnerstag.

Ich hatte Anspruch auf Rechtsbeistand und bat darum, mir einen Anwalt zu stellen, der mich vor Gericht vertreten könnte. Ich gab mein Versäumnis im Übrigen zu. Man sagte mir, die Rechtshilfe würde geregelt.

Ich bereitete mich also seelenruhig und vermeintlich sorgenfrei auf eine Dinnerparty vor, die wir für Montagabend geplant hatten, als am Vormittag das Telefon klingelte.

Es war der Anwalt. »Der Richter möchte Sie sofort vor Gericht sehen«, hörte ich durch das Telefon.

Ich raste nach Kingston. Man ließ mich eine halbe Stunde warten. Erst dann wandte sich der Richter an den Anwalt und fragte: »Ist Ihr Mandant jetzt zugegen?«

»Ja, Euer Ehren.«

Meine Vorladung wurde verlesen.

»Bekennen Sie sich schuldig oder nicht schuldig?«, fragte der Richter.

»Schuldig, Herr Richter.«

Eine Geldstrafe von £ 1 oder zehn Tage Gefängnis lautete sein Urteil. Das war also die Strafe. Ich entschied mich natürlich, zu zahlen.

Als Suzanna im Juli für die Sommerferien aus Barbados kam, wollte sie unbedingt dem Jamaica Sub-Aqua Club beitreten. Aber sie musste dafür 16 Jahre alt sein und war erst 15 ½ Jahre.

Sie bat darum, dass ich für sie flunkere, und so wurde sie das jüngste Mitglied, eher ein Maskottchen.

Sie wurde später eine exzellente Taucherin und hatte immer mehr Luft in ihrem Tank übrig als die anderen.

Vor Haien und Barrakudas ängstigte sie sich nicht so wie ich.

Sie erzählte gerne von Erlebnissen mit ihrer Freundin Mary in Cow Bay: Ein großer Barrakuda schwamm über ihnen und hinderte sie, an die Oberfläche zu kommen. Mary wusste jedoch, dass der Fisch lediglich auf seinem eigenen Territorium patrouillierte. Wenn er ungestört wegschwimmen konnte, war alles in Ordnung. So war es schließlich auch.

Als Externe haben sich Geoff und ich sehr für den Sub-Aqua Club engagiert. Viele seiner Mitglieder, hauptsächlich Studenten der Universität, waren häufige Besucher in unserem Haus. Wir halfen auch gerne bei der Beschaffung von Spenden.

Suzanna wusste, dass Sandys, ein Freund von uns aus unserer Zeit in Nigeria war. Er arbeitete nun als Polizeichef in Ibadan und besaß Strandhäuser am Seven Mile Beach in Grand Cayman, die er vermietete.

Suzanna hatte meines Erachtens einen Hintergedanken, als sie mich fragte, ob ich vielleicht Leiterin einer Gruppe des J.S.A.C. sein wollte, die in Grand Cayman tauchen wollte.

Das Wasser sei dort kristallklar …

Suzanna wollte unbedingt zur Gruppe gehören und dorthin.

Also schrieb ich an Sandys und buchte für eine Woche im Juli 1966 drei Cottages, in denen wir mit acht Personen wohnen wollten.

Bei unserer Ankunft mieteten wir eine Pink Lady, eine Art Jeep mit Aufbau auf dem Dach.
Er war kaum groß genug, um uns und die Gasflaschen zu transportieren. Wir mussten Suzanna, die Kleinste von uns, festgehalten, da sie auf einer Radkappe sitzen musste!

Da der Großteil der Gruppe aus Studenten bestand, gab es nicht viel Geld für Luxus. Ich wollte ihn auch nicht finanzieren. Daher wurde beschlossen, dass das Frühstück die teuerste Tagesmahlzeit sein sollte.
Eine echte englische Mahlzeit: Speck, Eier, Würstchen, Toast, Marmelade.
Die Qualität von Mittag- und Abendessen sollte davon abhängen, was die Taucher mit ihren Harpunen schossen ...

Wir lebten schließlich wie Lords mit Hummern, Krabben und schönem frischen Fisch.
In den meisten Nächten gab es zusätzlich einen Nachttauchgang.
Bevor sie das Riff beleuchteten, vergaß ich nie, Victor zu sagen: »Wage es nicht, Suzanna aus den Augen zu lassen!«
Und er hielt immer ein Auge auf sie.
Es wurde eine lustige Woche.

Im Juli verbrachten wir auch noch eine Woche mit Margie in Miami. Ihre Mutter lebte auf der Insel Sunset Island in Biscayne Bay. Was für ein fantastischer Ort zum Leben!
Ihr Boot lag am unteren Rand des Gartens.
Hier hörte ich zum ersten Mal von einem *Doggie Bag*.
Wir hatten in dem exklusiven Croft Club zu Mittag gegessen und riesige Steaks vorgesetzt bekommen. Es war unmöglich, alles Fleisch zu essen. Da bat Margie um einen Doggie Bag. Sie hatte zwar keinen Hund, aber wir hatten später ein paar sehr gute Steak-Sandwiches!

Wir aßen auch in Palm Beach zu Mittag. In dem dortigen Restaurant servierten sie das beste Rindfleisch, das ich je gegessen habe.

Natürliche Luft war hier allerdings Mangelware. Wir gingen von einem klimatisierten Haus in ein klimatisiertes Auto und von dort in einen klimatisierten Laden. Es war nicht verwunderlich, dass uns in Jamaika grippale Infekte ins Bett trieben …

Ein besonders großes Ereignis wurden die Commonwealth Games im August. Prinz Philip und der Prinz von Wales kamen, um die Preise zu überreichen.

Wir gaben eine Party für einige der britischen Athleten. Darunter war Lillian Board, Englands beste Mittelstreckenläuferin. Niemand ahnte, dass dieses hübsche blonde Mädchen innerhalb weniger Jahre an Krebs sterben würde.

Auch der Fechter Graham Paul kam einige Male in unser Haus. Er war ein Freund von Terry Catliffe, der mir in Lagos das Fechten beibringen wollte.

Sean Jackson war der Präsident des Clubs und seine Frau Ann ein sehr aktives Komiteemitglied, genauso wie Mike Scott. Von ihm erhielten wir im Oktober 1966 wegen Suzanna einen Brief. Unsere Tochter war mit 16 Jahren immer noch minderjährig. Im Namen des Komitees bat er uns, Suzanna davon abzuhalten, zu tiefe Tauchgänge zu unternehmen.

Zu ihrem eigenen Wohl sollte sie nicht über 200 Fuß hinuntergehen. Wir hatten keine Ahnung gehabt, dass sie dies getan hatte und beschworen sie nun, der Ermahnung Folge zu leisten. Unser einziger Trost war, dass sie meist mit Alan tauchte. Der war ein erstklassiger Taucher. Bei der Planung der Tauchgänge achtete er sehr genau auf das Timing und die Sicherheit. Immer wieder haben wir Suzanna gebeten, vorsichtig zu sein. »Ich möchte nicht erleben, dass du eines Tages abkratzt«, beschwor sie Geoff drastisch.

Alan war häufig zu Besuch auf Jamaika. Er kam, um Freunde zu treffen, hauptsächlich George, der hier Student war. Alan studierte an der

Princeton University in den USA. Er stammte eigentlich aus Jersey. Im Laufe der Jahre wurden er und Suzanna großartige Freunde. Lange Zeit sah es so aus, als würde er ein Familienmitglied …

Geoffrey war inzwischen ein begeisterter Muschelforscher geworden, und Suzanna brachte ihm immer sehr interessante Muscheln von ihren Tauchgängen mit.

Eine Muschel war nur von Wert für ihn, solange sie noch lebendig war. Wenn man sie am Strand tot auflas, war sie kein Forschungsobjekt mehr.

Einmal sahen Suzanna und Alan in einer Höhle eine wunderschöne Venuskamm-Muschel, eine Murex.

Die beiden beschlossen, sie dort zu lassen, wo sie war.

Als sie dann aufgetaucht waren, kamen ihnen Zweifel an dieser Entscheidung. Nun würden sie jemand anderes mitnehmen, wenn er sie fände. Sie tauchten nochmals hinab und holten sie für Geoff. …

Im Oktober 1966 musste Geoff auch noch nach England zurück. Seine Cousine Josephine war gestorben, und er hatte als Testamentsvollstrecker ihre Angelegenheiten zu regeln.

Wir wohnten inzwischen in einem weiteren Provisorium.

Es war das große geräumige Haus eines Arztes, der sich mit seiner Frau und den Kindern auf einem Lehrgang befand.

Suzanna war fürs Wochenende von der Schule in Mandeville nach Hause gekommen. Da überfiel uns ein Dieb!

Die Schlafzimmer und Badezimmer lagen zu beiden Seiten eines langen Durchgangs.

Es war kurz nach 1:00 Uhr, als ich aufwachte.

Ich habe vergessen, das Licht im Gang auszuschalten, dachte ich. Denn es schien etwas hell von draußen herein.

Dann sah ich einen Mann durch den Türspalt gucken.

Oder war es doch nur ein böser Traum?

Ich setzte mich auf. Meine Bewegung zeigte Wirkung.

Die Gestalt verschwand. Ich behielt die Tür im Auge, und plötzlich tauchte der Kopf wieder auf und dann der Oberkörper eines hellbraunen Mannes mit hoch aufgetürmten Haaren. Nun hatte ich Gewissheit. Der Unhold hatte eine Jeans an, war aber obenrum nackt. Er hielt einen großen Knüppel in der Hand …

Man hatte uns gesagt, es sei das Beste, in einer solchen Situation Schlaf vorzutäuschen und den Eindringling »weitermachen« zu lassen.

Mein Instinkt befahl mir aber, mit lauter Stimme zu schreien. Heraus kam nur ein jämmerliches Quaken:

»Suzanna, da ist ein Mann im Haus.«

Nun verschwand die Gestalt den Gang hinunter.

Suzanna, die ja Taucherin war, erschien statt seiner mit ihrem Tauchmesser.

»Wo ist er?«, rief sie.

Ich überredete sie, nicht nach ihm zu suchen, schleppte sie ins Badezimmer und verschloss die Tür.

Hier hatte sich wohl auch der Dieb Zutritt verschafft.

Das lange Schlitzfenster war gewaltsam geöffnet worden.

Fußspuren zeigten, dass er sogar durch die Badewanne getappt war.

Ich hätte niemals gedacht, dass dieses Fenster breit genug war, einen Männerkörper hindurchzulassen. Aber wo ein Wille ist, ist auch ein Weg …

Obwohl zwischen unserem und dem nächsten Haus, in dem Professor Beck wohnte, ein ziemlicher Abstand bestand, ging unser Gedanke dahin, sich mit ihm in Verbindung zu setzen.

Suzanna wollte aus dem Fenster steigen und zu seinem Haus rennen. Gesagt, getan.

Nun war ich allein im Haus. Es schien, als müsste ich ewig im Badezimmer bleiben.

Endlich hörte ich eine Tür schlagen.

Es musste die Tür zum Garten gewesen sein.

Bei mir verdichtete sich das Gefühl, dass der Eindringling geflohen war. Ich wagte es aber nicht, hinauszugehen. Schließlich hörte ich weitere Geräusche.

Suzanna kam mit Professor Beck und der Polizei zurück!

Es war inzwischen 3:30 Uhr.

»Bist du das tapfere kleine Mädchen, das aus dem Fenster gestiegen ist, um Hilfe zu holen?«, fragte der Polizist gerade unsere Suzanna.

Die fand nichts besonders Mutiges daran und schwieg patzig.

»Weißt du nicht, dass, wenn ein Mann drinnen ist, meist draußen ein zweiter wartet?« Der Polizist sah sie vorwurfsvoll an. Das machte sie kleinlaut.

Und in der Tat, als wir am nächsten Morgen nachschauten, befanden sich Spuren von zwei Männern im Gras!

Eine lange Platte aus Beton in der Form eines Knüppels hatten die Kerle wie zum Hohn auf den Stufen zur Hintertür zurückgelassen.

Es schien, als wäre nichts aus dem Haus entwendet worden. Also war es vielleicht doch gut, dass ich geschrien hatte …

Das Follow-up zu diesem Ereignis war lustig:

Die Universität setzte künftig von der Dämmerung bis zum Morgengrauen einen Wachmann ein. Er hatte einen Stuhl auf der vorderen Terrasse, auf der er übernachtete. Ich war froh, ihn um mich zu haben.

Ich machte ihm jeden Abend einen Haufen Sandwiches und gab ihm eine Flasche Bier dazu.

Die Wochen vergingen, und Geoff kam zurück; aber auch dann kam jede Nacht der Wächter noch, setzte sich auf seinen Stuhl, aß seine Sandwiches und trank sein Bier.

Eines Abends sah ich ihn fortgehen, nachdem er zu Abend gegessen hatte. Ich rief ihm nach:

»Wohin gehst du?«

»Es ist Zeit, dass ich wirklich an die Arbeit gehe«, sagte er. »Ich muss ein Haus in der Spathodia Avenue bewachen!« …

Ich erinnere mich an eine ähnlich dumme Geschichte.

Ich spielte mit den Dunns in ihrem Garten Bridge.

Zunächst waren Joyce Warner, eine Dermatologin, und ich Partner. Wir hatten unsere Handtaschen zu unseren Füßen auf den Boden gelegt. Als wir zu Ende gespielt hatten und aufstanden, um Platz und Partner zu wechseln, stürzte plötzlich ein kleiner Mann aus den Büschen.

Bevor wir erkannten, was er vorhatte, griff er nach den beiden Handtaschen und verschwand mit ihnen im Busch.

Ein paar Tage später rief mich Elisabeth Dunn an, um mir mitzuteilen, man habe die Taschen im Rinnstein gefunden. Leider fehlte der Inhalt!

Ich frage mich, woher dieser Kerl wusste, dass wir irgendwann aufstehen würden, um die Plätze zu wechseln.

Nur dadurch hatte er Gelegenheit zu seinem Diebstahl. Vielleicht war er ja Bridgespieler …

Ein weiterer Vorfall ereignete sich, als Geoff an der Zapfsäule in Papine stand. Das Auto war vollgetankt, und Geoff holte gerade das Geld heraus, um zu zahlen. Er reichte es dem Tankwart durch das Fenster.

Plötzlich fuhr ein Kerl wie der Blitz mit dem Fahrrad zwischen Auto und Tankwart durch, riss Geoff das Geld aus der Hand und war weg. Da Geoff die Autoschlüssel zu diesem Zeitpunkt noch nicht vom Tankwart zurückhatte, konnte er den Täter nicht verfolgen. Alles, was Geoff tun konnte, war schließlich, erneut zu zahlen. Der Dieb blieb für immer unentdeckt …

Die Universität der Westindischen Inseln befand sich in Mona, etwa elf Kilometer außerhalb von Kingston.

Das wunderschön gepflegte Gelände erstreckte sich über 600 Morgen. Für das Personal gab es alles, was man von solchen Einrichtungen erwarten konnte – Tennisplätze, Schwimmbäder, Grillplätze und einen Senioren-Gemeinschaftsraum, in dem jede Mahlzeit erhältlich war.

Wir lebten sehr unabhängig davon.

Das Krankenhaus befand sich oberhalb der Universität, und auch die Häuser der Ärzte lagen dort.

Wir wohnten nun neben dem Chefanästhesisten, einem großen, schlaksigen Schotten. Wir hatten viele Partys mit ihm und den zahlreichen Freundinnen, die zeitweise sein Leben teilten.

Mike, ein Engländer, wohnte im Nebenhaus und war mit einem lieben kleinen chinesischen Mädchen verheiratet.

Ich habe mit ihrem Vater oft Mah-Jongg gespielt.

Dann war Siva, eine Inderin da, sie lebte mit Heather zusammen, die war Engländerin.

In der Straße dahinter lebte Cecil, englisch-kanadischer Herkunft, verheiratet mit Reba. Mit ihnen lebten Sheila und Colin, Cecils Kinder aus erster Ehe.

Suzanna und Sheila waren fast gleich alt, und obwohl sie außerhalb der Ferien verschiedene Internate besuchten, waren sie hier unzertrennlich und machten alles zusammen.

Sie brachten John sogar dazu, sie in den Nachtclub zu begleiten, in dem Byron Lee und die Dragonaires spielten. Wie ich *Hang-on Sleepy, Hang-on* geliebt habe!

Als Cecils und Rebas Ehe auseinanderging, verbrachte Sheila mehr Zeit in unserem Haus als in ihrem und nannte uns Ma und Pa.

Aus der Zeit, als die Mädchen ungefähr 17 Jahre alt waren und schon Freunde hatten, erinnere ich mich an einen großartigen Werbeslogan für Esso-Benzin: *Pack den Tiger in den Tank.* Die Benzinpumpen trugen riesige Tigerkopf-Bedeckungen aus Plastik.

An einem Samstagabend, als die Mädchen unterwegs waren, gingen wir früh ins Bett. Als ich am nächsten Morgen auf unseren Rasen schaute, grinste mich genau in dessen Mitte ein riesiger Tigerkopf an.

Es waren Sheila und ihr Freund gewesen, die uns diese Überraschung beschert hatten.

Zunächst haben wir uns kaputtgelacht. Aber dann bereitete es mir Kopfschmerzen, wie ich das elende Ding wieder loswerden konnte. Schließlich war in unserem Garten für alle Passanten deutlich sichtbar Diebesgut aufgestellt.

Am Ende haben wir es geschafft, das Ding in den Kofferraum des Autos zu pressen und auf eine einsame Straße zu werfen.

Hier konnte es ruhig alle Passanten angrinsen!

Ian, der Suzanna in Lagos auf die Welt geholfen hatte, war jetzt Allgemeinmediziner in Cayman.

Er und Hope luden uns ein, sie über Neujahr 1966/1967 zu besuchen.

Wie ich bereits erzählte, war auch Sandys dort und hatte natürlich eine »neue Frau«. Sie hieß jetzt Glynis.

Es wurde ein superlanges Wochenende, und wir waren wirklich beeindruckt von dieser kleinen Insel mit nur 7000 Einwohnern und immerhin zwei Banken, Barclays D.C.O. und die Royal Bank of Canada.

Wir ahnten nicht, wie es hier eines Tages boomen würde. Aber Ian riet uns schon damals, in ein Grundstück zu investieren. Das machten wir ungefähr ein Jahr später, als in Old Man Bay einige Grundstücke zum Verkauf standen.

Wir haben zwei gekauft, der Preis war lediglich 1000 Cayman-Dollar pro Grundstück, zahlbar über fünf Jahre!

Den Neujahrstag verbrachten wir bei Gouverneur John Cumber und seiner Familie. Die Party machte richtig Spaß. Suzanna und deren Sohn Nigel, der ein Jahr älter war, kamen gut miteinander aus.

Eine große Freude auf Cayman war das Verbot von Autos. Es gab nur wenige amtliche Fahrzeuge. Alle anderen Anwohner fuhren Fahrrad. Da die Insel flach war, fuhr man sehr angenehm. Die Einkäufe wurden in großen Körben vorne und hinten ans Fahrrad gehängt. Wie viel fitter wir alle wurden!

Wir sind in den Jahren, in denen wir auf Jamaika waren, zwei- oder dreimal nach Grand Cayman zurückgekehrt.

Wir flogen in einer Dakota und sind auf einem normalen Feld gelandet. Einmal besuchten wir Cayman Brac und Little Cayman, wo wir entdeckten, dass viele Leute Foster hießen. Sie waren vermutlich die Nachfahren eines Seefahrers, der hier Schiffbruch erlitten hatte.

Dann machte er sich daran, die Insel mit Hilfe von 57 einheimischen Mädchen zu besiedeln! Ähnlich wie die beiden Glasweger Brüder, die vor einem Jahrhundert in Dominica ankamen. Einer starb ohne Nachkommen, während der andere 100 Kinder zeugte!

Ich begann 1967 mit der Organisation eines Symposiums für Orthopäden über die Wachstumsplatte. John Golding und Moran Rang waren die »Top-Köpfe« und legten Wert darauf, dass die weltbesten Orthopäden ihre Vorträge präsentierten.

Suzanna verließ die Bischöfe in Mandeville.

Man konnte ihr dort für ihr Studium der Zoologie/Botanik und Kunst das Niveau A nicht bieten.

Sie wurde Tagesmädchen in Kingston St. Andrews.

Nachdem sie mit 17 Jahren ihre Fahrprüfung bestanden hatte, fuhr sie mit meinem Sprite zur Schule. Das war kein gutes Zugeständnis. Alle Kommilitoninnen wollten es ihr nun gleichtun.

Ihre Mütter beklagten sich bei mir über den dummen Präzedenzfall. Sie brauchten ihre Wagen schließlich für sich.

Außer Morwenna kamen in diesem Jahr viele weitere Bekannte zu Besuch.

Morwenna kam im Februar nach Jamaika zurück. Nach ihrer Scheidung schloss sie Freundschaft mit David, der sich gerade ebenfalls scheiden ließ. Sie verbrachten viel Zeit miteinander.

Ich dachte, irgendwann könnte etwas daraus werden, aber das tat es nicht. Morwenna und ich bewunderten die Zeichnungen eines Rastafariers namens Daniel Hartman.

Ich bin heute noch der stolze Besitzer eines Pastells, das er *Daniel in the Lions Den* nannte.

Morwenna nahm auch eines mit nach Großbritannien …

Anthony Agar, ein Freund von Dominica, brach sich ein Bein und wurde zur Rehabilitation an die U.C.H. geschickt.

Er verbrachte drei Wochen bei uns.

John und Ruth Holmes, Ex-Army-Freunde aus Kenia, riefen an und fragten, ob sie über Weihnachten für acht Tage zu uns kommen könnten. Sie lebten jetzt in Amerika, wo John in Maryland am Sassafras einen eigenen Yachthafen hatte. Es war schön, sie nach so vielen Jahren wiederzusehen.

Linda, Suzannas Schulfreundin in Mandeville, kam für ein paar Tage. Sie floh zu uns nach einem Streit in der Familie!

Wir beendeten das Jahr mit einer riesigen Cocktailparty und zogen dann aus dem Haus, weil die Besitzer zurückkehrten. Wir mussten zurück in die Ringstraße Nr. 4. Das Haus war wieder frei geworden.

Nun verbrachte ich wieder mehr Zeit im Liguanea Club, und Dottie, diese schlaksige Amerikanerin, war um mich.

Ich glaube nicht, dass ich jemals so viel gelacht habe wie mit ihr. Sie hatte ein Cottage im Club und vernachlässigte ihren Ehemann Richard für Oscar, einen schönen, runden Kubaner. Als Bridgespieler war er die Attraktion.

Einmal spielte ich dreimal am Tag Bridge – von 9:30 Uhr bis 12:30 Uhr im Liguanea Club, nach dem Lunch bei Nina Barkers bis 7:30 Uhr, nach dem Supper Bridge bei den Watson-Speyers bis in die Nacht.

Was für ein Leben! Fast jeden Nachmittag Tennis spielen, jeden Montagnachmittag reiten, jeden Mittwochnachmittag in der Diabetikerklinik aushelfen, im Polio-Reha-Zentrum und zuweilen im Rahmen von geselligen Partys Hilfsdienste leisten oder Cocktail- und Abendesseneinladungen annehmen …

Durch den Liguanea Club und Bridge gewann ich immer wieder neue Freunde. Sie kamen aus aller Herren Länder und wir verstanden uns alle bemerkenswert gut. Juden und Araber, die de Costas und die Ashenheims, hatten Spaß mit den Hennas und den Issas.

Geoff und ich spielten auch ziemlich viel Mah-Jongg, einmal die Woche auch mit Graham und Beryl. Er war Professor für Sichelzellenanämie.

Ich konnte nie verstehen, warum sie ihn Gregory nannte und er sie Tante Boo-Boo.

Seine Pokerrunde hatte Geoff durch den Liguanea Club und nicht durch die Universität gefunden. Sie spielten jeden Samstagabend abwechselnd bei sich wie in Kenia.

Suzanna war gut im Sub-Aqua Club und in der Studentenschaft vernetzt. Mit dem jungen Arzt Tim, der ein Ururenkel von Charles Darwin war, kam sie sich näher.

Die Universität besaß zwei Refugien, die von den Mitarbeitern benutzt werden durften. In einem machten wir an einem Wochenende eine Party mit Ann und Paul.

Wir fuhren in die Berge nach Bellevue. Es war herrlich kühl, und wir hatten ein schönes Wochenende, weg von allem.

Der andere Rückzugsort war ein Bungalow in Ocho Rios.

Wir planten auch dort eine Party. Also ging es am Wochenende ans Meer. Ich erinnere mich, dass wir unterwegs eine Jackfrucht kauften. Ich habe den Geruch noch heute in der Nase!

Anfang Dezember fand im Government House eine Polio-Messe statt, und ich half Pat beim Verkauf der verschiedenen Artikel. Sie waren frisch hergestellt oder eingeführt worden. Unter den Leuten, die kamen, bemerkte ich eine Frau, die von einem V.I.P. begleitet wurde. Als sie zu unserem Stand kam, um etwas zu kaufen, stellte sie sich vor.

Sie war die Frau von Martin Luther King, der schon 1968 ermordet werden sollte.

Einschließlich Alan, der aus Princeton angereist war, zählten wir beim Weihnachtsessen 21 Personen.

Ein paar Tage später flogen wir zusammen mit Graham und Beryl nach Grand Cayman, um Neujahr zu feiern.

Wir hatten drei Häuser und vier Fahrräder gemietet. Es wurden ein paar wundervolle Tage.

Ich erinnere mich an einen Jackfisch, den Alan und Suzanna mit einer Harpune geschossen haben.

Ich kann nicht mehr sagen, was es wog, aber all unsere Freunde wurden satt.

Bevor wir nach Cayman abreisten, klärte Suzanna bei der Zooabteilung, dass sie sich um Al, ihren kleinen Alligator, kümmern würde. Al war mittlerweile zwei Fuß lang. Die Antonio-Jungen hatten ihn Suzanna vom Alligator-Teich mitgebracht. Suzanna hatte ihn erst eine Woche, und wir waren uns nicht ganz sicher, was wir in Zukunft mit ihm anfangen sollten. Wir hatten ihn fürs Erste im zweiten Badezimmer gehalten. Von Zeit zu Zeit bekam er Leber. Man hatte uns gesagt, dass sei die korrekte Nahrung für ihn. Wenn wir das Bad benutzen wollten, mussten wir Al zuerst herausholen. Mit einer Hand hinter dem Hals und der anderen um den Schwanz gepackt, wurde er heraushoben und auf den Boden gelegt. Nachdem wir gebadet hatten, wurde die Wanne wieder für ihn frisch aufgefüllt.

Als wir von Cayman zurückkamen, waren wir über eine Nachricht der Zooabteilung sehr erleichtert: Al war das letzte Mal gesehen worden, als er die Hope Road entlang gewatschelt war! Wir waren uns sicher, dass er das richtige Zuhause gefunden hatte.

Anfang 1968 blieben John und Caroline einige Tage zu Besuch. Sie waren auf dem Weg nach Dominica. John hatte sich in Caroline verliebt. Sie wollten sich dort ein Anwesen kauften. Natürlich gaben wir eine Cocktailparty und zeigten ihnen vier Tage die schönsten Teile der Insel.

Sie hatten als Geschenk geräucherten Lachs mitgebracht.

Diese Delikatesse war damals in den Geschäften nicht erhältlich. Es wunderte mich nur, wie schnell sie verschwand. Ich konnte mir nicht vorstellen, warum. Dann sah ich Myrtle, eines unserer Dienstmädchen, wie sie große Stücke davon für ein Sandwich abschnitt!

Im Februar kamen Jean und Robbie aus Kingsbridge mit ihrem Sohn Jonathan vorbei.

Jonathan lernte in Kanada Ackerbau. Er sollte einst den Hof übernehmen, wenn sich Robbie zur Ruhe setzen würde.

Es war nicht genug Platz im Haus, um alle unterzubringen. Also stellten wir Jonathan auf dem Rasen hinter dem Haus ein Zelt auf. Er fühlte sich sehr wohl darin.

Sie blieben für drei Wochen, und es war wie im Bienenhaus. Während der Zeit wurde an der Universität Karneval gefeiert, allerdings viel zahmer als in Dominica. Wir fuhren auch zum Rafting auf dem Rio Grande. Überhaupt haben wir ihnen so viel von der Insel gezeigt, wie wir nur konnten. Die normalen Tennis- und Bridgerunden sowie die Cocktailpartys wurden auch mit Besuch täglich fortgesetzt.

Im Mai 1968 verstarb unser lieber Freund John Orr schon bald nachdem Patricia für drei Wochen zu uns gekommen war. Sie passte gut in das gesellschaftliche Leben, das wir führten. Sie erwies sich als gute Tennis- und Bridge-Spielerin. Jeder wollte für sie eine Party veranstalten. Wir sind auch für ein Wochenende zur Runaway Bay im Norden der Insel gefahren. Es tat mir leid, Patricia wieder gehen zu sehen.

Tim ist im Juli bei uns eingezogen. Es war nun offensichtlich, dass er Suzanna bitten wollte, ihn zu heiraten. Seine vertragliche Bindung an die Universität ging zu Ende, und er wollte in das Vereinigte Königreich zurück.

Während er bei uns war, fand der Ball des Generalgouverneurs statt, und Suzanna war eine der Debütantinnen.

Vicky hatte das wunderschöne Material für ihr Kleid zur Verfügung gestellt.

Beim Ball, glaube ich, hatte Tim das Gefühl, Suzanna vernachlässige ihn, und die beiden hatten einen Streit im Park. Als er ihr einen Schups gab, schrie sie so laut, dass die Polizei kam und Tim verhaftet hätte, wenn sie nicht bemerkt hätte, dass es sich um einen Liebesstreit handelte …

Einige Tage nach Tims Abreise fuhren wir ebenfalls nach Großbritannien.

Geoffs Vertrag war ursprünglich für ein Jahr geschlossen worden, und jetzt standen wir bereits im dritten Jahr.

U.W.I. hatte Geoff aufgefordert, so lange weiterzumachen, wie er wolle. Für uns stand deshalb nur ein langer Urlaub in der Heimat bevor.

Am 9. August verließen wir Jamaika mit dem spanischen Schiff Montserrat. Unsere erste Station war Cartagena in Kolumbien. Von dort ging es weiter nach La Guiara, einer Hafenstadt in Venezuela. Wir besuchten von dort aus auch die Hauptstadt Caracas.

Dann waren wir zehn Tage auf See. Suzanna hatte eine sehr gute Zeit mit den Offizieren, insbesondere mit einem namens Ben, und sie hatte sich mit einem aristokratischen spanischen Ehepaar namens Borja und Beata Perez-Maura angefreundet. Später fragten sie uns, ob Suzanna bei ihnen in Madrid bleiben und Spanisch lernen dürfe. Da sie ihre Zukunft noch nicht entschieden hatte, erschien uns das eine gute Idee.

Unser nächster Stopp war Teneriffa, und wir konnten einen Tag auf dieser herrlichen Insel verbringen.

Vier Tage später waren wir in Vigo und am nächsten Tag in Santander. In Southampton wartete unser neues Auto auf uns. Auf dem Weg zu meiner Mutter fuhren wir nach London, wo wir in Joyce Warners Wohnung übernachteten.

Wir starteten nach Einbruch der Dunkelheit und wurden beim Fahren immer müder. Sie können sich bestimmt vorstellen, wie wir uns fühlten, als das Auto mitten im Nirgendwo eine Panne hatte und wir am Straßenrand liegen blieben. Die Polizei kam, um sich nach unseren Problemen zu erkundigen. Erst am nächsten Morgen schickte sie einen Mechaniker, um das Auto in Ordnung zu bringen …

Anfang September heiratete Joanna Ors Richard. Suzanna war Brautjungfer, sie traf wieder mit Tim zusammen!

Ein paar Tage später, als wir mit der Familie und Freunden durch die Gegend flogen, fuhr Suzanna mit Tim nach Mallorca. Seine Eltern hatten dort ein Ferienhaus. Sie kehrten nicht zurück, bis wir in Wales waren und bei Caroline John Ingledew in ihrem schönen Haus wohnten. Suzanna schloss sich uns wieder an (ohne Tim).

Wir hatten derweilen beschlossen, während unseres Aufenthalts in Großbritannien einen männlichen und einen weiblichen Deutschen Schäferhund zu kaufen und beide nach Jamaika mitzunehmen. Wir kauften sie in zwei verschiedenen Zwingern und nannten sie Kara und Marcus.

Mitte Oktober musste Geoff nach Jamaika zurück. Suzanna und ich blieben noch, um die Exportlizenzen für die Hunde zu beschaffen. Auch wollten wir sie impfen lassen. Suzanna verbrachte noch ein paar Tage mit Tim und seinen Eltern. Ich traf Joyce am Flughafen, und wir fuhren zusammen zu ihrer Wohnung. Zu dieser Zeit war sie mit John verlobt.

Am 24. Oktober stiegen Suzanna und ich mit unseren zwei drei Monate alten Welpen und dem neuen Auto wieder auf das Motorschiff Montserrat und schipperten nach Jamaika, wo wir am 12. November ankamen.

Santander, La Coruña, Vigo, Teneriffa, Trinidad, La Guiara und Curaçao waren die Zwischenstopps.

Der arme kleine Marcus befand sich in einem schrecklichen Zustand, nachdem er an Bord im Zwinger Ungeziefer gefangen hatte. Er hatte so viel an Gewicht verloren, dass ich fürchtete, der Tierarzt würde nicht erlauben, ihn an Land zu lassen. Gott sei Dank tat er es doch.

Das Erste, was ich tat, war, unseren guten Freund Colin Meier, den Leiter der Pädiatrie, anzurufen.

Er sagte mir, ich solle eine Kotprobe ins Labor schicken. Dabei stellte sich heraus, dass Marcus einen schweren Salmonellenbefall hatte. Er hatte ihn sich wohl in Newport geholt. Colin heilte ihn, und dann wuchs und wuchs er.

Viele Muskeln, aber wenig Gehirn, ganz im Gegenteil zu Kara!

Im Laufe der Monate verwandt Geoffrey viel Zeit darauf, die Hunde zu trainieren. Er ließ nichts aus.

Er stand früh auf, bevor die Universität erwachte.

Er setzte sie am Gartentor ab und hieß sie, dort zu bleiben.

Dann ging er zu der am weitesten entfernten Stelle auf unserem Grundstück und blies sein Jagdhorn. Nun erst durften Kara und Marcus aufstehen und ihn suchen.

Marcus war nicht so mutig wie Kara. Geoff nahm die Hunde einmal mit nach Port Henderson, wo es eine Anlegestelle gab. Er warf einen Stock in das tiefe Wasser. Kara sprang sofort hinterher, um ihn wiederzuholen. Nicht so Marcus! Der rannte zunächst an die Pier hinunter und schwamm erst von dort.

In kürzester Zeit waren wir wieder im vollen Leben der Universität, des Officers Clubs, des Liguanea Clubs involviert. Aber Mitte Dezember bekam ich Dengue-Fieber und legte mich eine Woche lang ins Bett.

Suzanna und Geoffrey mussten einige Offiziere der Montserrat alleine unterhalten. Suzanna hatte sie zu uns eingeladen. Unter diesen Umständen wurde bei uns nicht gekocht.

Geoff ging mit ihnen zum Abendessen in den Senioren-Gemeinschaftsraum.

Ich konnte bald nicht länger im Bett bleiben. Als Ruth und John aus Amerika kamen, war ich wieder auf den Füßen. Weihnachten und Neujahr verbrachten wir zusammen.

Am zweiten Weihnachtstag nach dem Mittagessen wurde Ruth krank und zwei Tage später mit Pankreas ins Krankenhaus eingeliefert. Sie war sehr, sehr krank.

Dann wurde auch noch unsere Wäscheleine gestohlen, die Johns gesamte Wechselkleidung trug.

Die Welpen hatten während der Nacht zwar gebellt, aber wir hatten nicht reagiert.

Für Ruth begann ein Auf und Ab, ob sie überleben würde.

Lyn Holmes und seine Frau Sandy kamen, um ihre Mutter zu besuchen. Sie wohnten zehn Tage bei uns. Dann wussten wir erleichtert, dass Ruth es schaffen würde …

Inzwischen ging der soziale Wirbel weiter.

Ruth kam Ende Januar 1969 aus dem Krankenhaus und verließ uns schließlich im Februar.

Aus einer Woche waren sechs geworden.

Es war üblich, dass die Jamaica Lawn-Tennis Association zu Beginn eines jeden Jahres die »Großen« des Tennis auf ihren Plätzen spielen ließ. Der Verband war Gastgeber für diejenigen, die sich auf Wimbledon und die anderen großen Turniere vorbereiteten.

Zur Unterhaltung der Gäste gab es viele Partys.

Während wir bei einer waren, war Suzanna bei einer anderen. Wir waren die Ersten, die zu Hause ankamen, und ein bisschen kaputt. Ich hatte das Gefühl, wir waren nicht allein im Haus. Und wirklich, als wir in das Gästezimmer schauten, schlief dort tief und fest ein schöner junger Mann. Suzanna kam schließlich nach Hause und kam herein, um Gute Nacht zu sagen. »Wer ist unser Gast?«, fragte ich.

»Oh, antwortete sie, »das ist Thomas Koch, Brasiliens Nr. 1-Tennisspieler.«

»Was macht er hier?«, wollte ich wissen.

»Er war auf der Party, zu der ich ging, und erzählte mir, dass die Leute, die ihn aufgenommen hatten, in einen Unfall verwickelt worden waren. Er musste dort weg.

Also bot ich ihm an, hierherzukommen.

Er hat morgen ein Match und wollte nicht mehr auf der Party bleiben. Ich brachte ihn her, dann ging ich zurück zur Party.« Die paar Tage, die er bei uns war, fütterte ich ihn mit Steak und Bananenmilchshakes.

Anfang 1969 bekam ich auch noch Probleme mit meinen Zähnen.

Herr Chin See, mein Zahnarzt, schlug vor, eine parodontale Lappenoperation sei die beste Lösung. Die würde von einem amerikanischen Top-Zahnarzt Ende Januar auf einer zahnärztlichen Konferenz vor Zahnärzten aus der gesamten Karibik demonstriert und sogar im Fernsehen übertragen. Es erübrigt sich zu erwähnen, dass ich mich sehr darüber gefreut habe, dass bei mir als Vorzeigekandidatin die Operation umsonst durchgeführt wurde. In jenen Tagen waren die Kosten für eine solche Operation gewaltig, und an einen so angesehenen Zahnarzt kam man gar nicht ran. Seine exzellente Arbeit hat meine Zähne für weitere 20 Jahre erhalten.

Da wir jetzt die zwei Schäferhunde hatten, war der einzige Ort, an dem wir eine Pause machen konnten, ein Plantagenhaus in Negril, das Mrs. Katy gehörte und der es nichts ausmachte, dass auch Hunde kamen.

Wir machten uns an einem Samstagmorgen auf den Weg zu ihr. Die Fahrt war lang, ungefähr 160 Kilometer.

Kurz vorm Ziel meinte Geoff, ich habe bestimmt den Wasserkocher eingeschaltet gelassen.

Also fuhren wir zurück.

Sie können sich vorstellen, was los war, als wir in Kingston ankamen und feststellten, dass ich den Wasserkocher ausgeschaltet hatte! ...

Suzanna hatte viele Freunde aller Nationalitäten in der Studentenschaft gewonnen. Trotzdem ging es nicht immer harmonisch zu. Bevor sie nach Madrid aufbrach, rief ihr eine Studentin zu: »Suzanna, warum gehst du nicht dorthin zurück, wo du hingehörst?«

Sie war sehr verletzt über diese Fremdenfeindlichkeit.

Die Missstimmungen häuften sich: Als Suzanna auf dem Weg zum Universitätsschwimmbad war, sprang ein Mann aus dem Unterholz und versuchte, den Lenker des Fahrrads zu ergreifen. Suzanna hatte Karateunterricht genommen. So gab sie ihm einen Schlag auf die Nase. Das verschaffte ihr Zeit, abzudrehen und wegzufahren.

Am 16. Mai flog sie dann nach Madrid.

Im Laufe der Monate hatten wir mit den Perez-Mauras korrespondiert, und es war vereinbart worden, dass sie ein Jahr mit ihnen zusammenleben könne.

Wir leisteten natürlich einen finanziellen Beitrag.

Die P.-M.s wollten für ihr tägliches Leben aufkommen.

Im Gegenzug sollte Suzanna auf ihren kleinen Jungen aufpassen, wenn sie abends mal ausgehen wollten.

Tagsüber ging Suzanna zur Vox Academy, um Spanisch zu lernen.

Drei Tage nach ihrer Abreise stand ich im Morgengrauen auf, um zum Hafen zu fahren und Janie Braithwaite zu treffen. Sie legte gerade ein Sabbatjahr ein, reiste um die Welt, bevor sie heiraten wollte.

Janie war die Tochter von Jean und Tim, unseren Armeefreunden von der Goldküste. Ich kannte sie seit ihrer Kindheit und freute mich, dass sie drei Wochen bei uns blieb.

Sie war ein wunderschönes Mädchen, und alle mochten sie.

Später im Leben, verheiratet und mit drei Töchtern, erschoss sie sich …

Mit Dottie hatte ich immer viel Spaß. Ich war traurig, als sie mir erzählte, dass sie Richard verlassen und zu Oscar in die USA ziehen würde. Er wartete bereits dort.

Es war ziemlich unpassend, dass May Hendricks, eine amerikanische Freundin, sie mit Richard zum Flughafen fuhr, während ich mit ihren drei Kindern in meinem Auto folgte. Die Kinder blieben bei Richard, der ohnehin nicht ihr Vater war. Sie stammten aus Dotties erster Ehe. Wir standen alle zusammen, winkten ihr zum Abschied und wünschten ihr Glück.

May Hendricks war aus dem tiefen Süden der Vereinigten Staaten und hatte einen lustigen Akzent. Nachdem Dottie fort war, sahen wir uns ziemlich oft. Ihr Ehemann Hugh war der Manager der Coca-Cola-Fabrik. Da wir alle viel Bridge spielten, schenkte er jedem in unserer großen Gruppe, der einen echten Yarborough hatte (keine Karte höher als 9) eine Kiste Coca-Cola. Eine Mutter, die jeden Tag spielte, manchmal sogar zweimal, sparte ihre Yarboroughs auf, bis die Kinder in den Ferien nach Hause kamen. Dann wurde Kiste nach Kiste getrunken.

Während unseres Urlaubs in England im Jahr 1968 kam es in Jamaika, insbesondere in Kingston, zu Unruhen, weil ein Kerl namens Rodney aus Trinidad über die Inseln reiste und »Black Power« predigte.

Daniel Hartman, der Rasta, dessen Arbeit ich so bewunderte, war ein häufiger Besucher der Universität, wo er die meisten seiner Zeichnungen verkaufte. Eines Tages telefonierte ich mit ihm. Ich fragte ihn, was er von der Situation halte, und er antwortete, dass Rodneys Worte wegen der großen Kluft zwischen Arm und Reich auf fruchtbaren Boden fallen würden.

Anfang Dezember flogen wir nach Miami, um an Bord der Santa Maria del Mar zu gehen. Dieses italienische Schiff sollte uns nach Teneriffa bringen. Geoff meinte, es sei an der Zeit, darüber nachzudenken, wo wir uns in Zukunft niederlassen wollten. Wegen seines Kreislaufproblems wurde ihm geraten, in warmem Klima zu bleiben.

So viele unserer Freunde wollten, dass wir in Jamaika blieben, doch es war uns auf Dauer zu weit weg von Großbritannien, wo wir schließlich unsere Wurzeln hatten.

Wir dachten eher an Teneriffa auf den Kanarischen Inseln. Dort herrschte subtropisches Klima, und es war nur vier Flugstunden von Großbritannien entfernt.

Weihnachten und Neujahr 1969/70 erschien uns die richtige Zeit, uns dort einmal näher umzuschauen.

Wir hatten für die Reise entsprechende Vorkehrungen zu treffen. Jemand musste sich während unserer Abwesenheit um Kara und Marcus kümmern.

Ein junger Arzt, ein Junggeselle, war bereit, unser Haus zu hüten. Seine Eltern wollten ihn besuchen. Da brauchte er Platz. Wir einigten uns schnell.

Am Tag drauf kam ich aus der Stadt zurück und fand zwei fremde Männer vor, die auf mich warteten. Sie erklärten mir, sie würden an einer Fernsehwerbung für ein Deodorant namens *Body Mist* arbeiten. Sie hatten die Absicht, unsere beiden Hunde und mich als Hundeführer in dem Film einzusetzen. Das Drehdatum fiel leider in die Zeit unserer Seereise. Aber das Honorar, das sie anboten, war zu gut, um es zu vernachlässigen. Wir suchten eine Lösung. Schließlich war der junge Arzt bereit, mit den Hunden aufzutreten. Er freute sich riesig über die Gage.

Wir setzten am 6. Dezember die Segel. Das Schiff war voll mit Amerikanern, von denen viele die Santa Maria del Mar gut kannten. Wir erfuhren, dass das Schiff im Jahr 1961 von Henrique Galvão, einem politischen Gegner des Salazar-Regimes, aus Protest entführt worden war.

Der Liner kutschierte damals auf dem Atlantik herum, bis er von der US-Luftwaffe gefunden wurde. Die Passagiere an Bord hatten dadurch einen langen Urlaub und freuten sich ihres Lebens. Sie kehrten jedes Jahr auf das Schiff zurück, in der Hoffnung, das Ganze würde sich nochmals wiederholen.

Wir hatten für den Monat auf Teneriffa eine Wohnung mitten in der

Stadt Puerto de la Cruz gemietet. Andere Mieter im selben Block waren sehr hilfreich mit Informationen. Wir merkten schnell: Die Insel passte zu uns! Nun war zu klären, wo wir ein geeignetes Haus kaufen konnten.

Ein paar Tage nach unserer Ankunft flog Suzanna von Madrid herbei. Am Weihnachtstag kamen Bill, Margaret Foster und Alex nach Santa Cruz. Wir veranstalteten im Parador auf dem Teide ein Familien-Weihnachtsdinner. Am Abend darauf reisten sie leider schon wieder ab.

Eine Woche später kehrte auch Suzanna nach Madrid zurück. Dann machten Geoff und ich eine Tour zu mehreren Hausagenten und schauten uns einige Häuser an, die zum Verkauf standen. Aber uns schien keines wirklich geeignet. Dann bekam ich eine Grippe und verbrachte die letzte Woche des Urlaubs im Bett …

Als wir nach Jamaika zurückkehrten, wussten wir, dass 1970 das letzte Jahr hier sein würde.

Suzanna kehrte im Frühjahr zurück und hatte sich endlich mit Tim verlobt.

Immer noch unentschlossen, was sie tun wollte, ging sie zum Duffs Business College, um Kurzschrift und Tippen zu lernen. Ich glaube, sie ging einfach nur von Tür zu Tür.

Ihr Semesterabschlussbericht bestätigte das: »Suzanna fehlt der nötige Ernst.«

Ihre Verlobung hielt auch nicht lange. Tim war in England, Suzanna in Jamaika. Ein weiterer junger Arzt namens Markus trat in ihr Leben. Wegen ihrer Gefühle für ihn brach sie mit Tim. Aber auch Markus und sie trennten sich bereits 1971 wieder. Markus wurde der Gynäkologe der Königin. Er brachte nicht nur das Wessex Baby, Lady Luise, auf die Welt, sondern auch Prinz George Alexander Luis von Cambridge!

Kara und Marcus waren jetzt 2 Jahre alt und wir hatten sie getrennt gehalten. Als Kara heiß wurde, hielten wir die Zeit reif für einen Wurf. Schließlich wurden an einem Samstagnachmittag acht entzückende Deutsche Schäferhunde geboren. Geoff wollte an diesem Abend zum Poker, verließ Kara aber erst, als alle Welpen geboren waren.

Es stand noch einer aus, und Geoff sagte: »Komm schon Kara, ich muss weg.« Es schien etwas zu bewirken. Der letzte Welpe kam nun schnell. Sie zu betreuen, wurde zu einer Vollzeitbeschäftigung. Nach sieben bis acht Wochen kamen sie zu ihren neuen Besitzern. In England gab es eine Tollwutwarnung, und keine Welpen konnten exportiert werden. Trotzdem wurden alle innerhalb kürzester Zeit verkauft.

Der jamaikanische Kennel Club fragte an, ob wir Kara und Marcus zurücklassen könnten. Es herrschte durch die Tollwut Mangel an gutem Stammbaummaterial.

1970 heirateten Joyce und John in einer standesamtlichen Zeremonie. John war inzwischen geschieden. Ich wurde ihre Ehrenmatrone. Leider hielt auch Johns zweite Ehe nicht an.

Wirklich kurze Röcke kamen in Mode. Um diesen neuen Look zu veranschaulichen, schnitt John Strangways-Dixon auf einer Party mit einer Schere einen Fuß von Suzannas Kleid ab!

Ich glaubte, abgesehen von den vielen wunderbaren Freunden, die ich hatte, würde ich am meisten das anregende Gespräch vermissen, das immer bei Dinnerpartys an der Universität stattgefunden hat. Eines ist mir besonders in Erinnerung geblieben:

Harry Anamontado, unser Chefarzt, der aus Guyana stammte und mit Elisabeth aus England verheiratet war, beschrieb beim Abendessen, wie er vor vielen Jahren die erste Geschlechtsumwandlungsoperation durchgeführt hatte – einen Zwitter in einen Mann.

Er sagte, dass der Patient Jahre später vorbeigekommen sei, um ihm zu erzählen, er würde heiraten. Das hatte Harry natürlich sehr gefreut. Aber überhaupt nicht glücklich war er, als der Mann meinte, er wolle Vater werden. Harry wusste natürlich, dass dies ein Ding der Unmöglichkeit war.

Er wurde übrigens für seine Arbeit auf diesem Gebiet zum Ritter geschlagen.

Da wir nun die medizinische Bruderschaft verlassen würden, hielt Geoff es für geboten, dass meine Lungen nochmals überprüft würden. »Du rauchst zu viel«, meinte er.

»Frag Neville, ob er deine Lungen noch mal röntgt.« Neville war der Chef-Radiologe und ein Bridge-Freund von mir. Nachdem er den Test durchgeführt hatte, sagte er: »Sag Geoffrey, dass du ungestraft geraucht hast.«

Wir gingen nach Mandeville, um uns von Basil, Joyce Densham und Lionel zu verabschieden.

Sie waren alle polobegeistert und besaßen den St. Elisabeth Polo Club.

Lionel, Basils Bruder, war nicht nur ein Exzentriker, sondern auch der örtliche Friedensrichter. Wenn er die vor ihm erscheinenden Menschen zum Schwitzen brachte, stand nicht die Bibel, sondern Montbatts Buch über Polo vor ihm!

Viele Jahre zuvor war er im Grand National mitgeritten und hatte Fotografen gebeten, ihn aufzunehmen, wenn er über Bechers Bach herankäme. Aber er ist zuvor über die Umfriedung gefallen! …

In den letzten Wochen auf Jamaika wurden so viele Abschiedspartys für uns abgehalten, und wir hatten natürlich selbst auch eine. Wir feierten von den vielen Koffern eingerahmt, die wir mitnehmen wollten und die bereits für den Versand gepackt waren.

Die letzten Tage lebten wir mit den Watson-Speyers im Luxus. Watty, deutscher Herkunft, war mit der Engländerin Hilda verheiratet. Sie hatten spät im Leben geheiratet, und Watty war verrückt nach seiner Frau. Er war Importeur, unter anderem für Champagner. Ich bezweifle, dass er mit dieser Ware Geld verdient hat. Hilda hat das unmöglich gemacht. Champagner lief für ihre Freunde morgens, mittags und abends vom Fass.

Ihr Chauffeur brachte uns am 14. Dezember an die Docks, und wir bestiegen die Begonia, ein Schwesterschiff der Montserrat. Larrañaga war der Kapitän. Am Abend fuhren wir los. Wir bekamen die beste Kabine, die das Schiff zu bieten hatte.

Sie befand sich auf dem Vorderdeck. Neben unserem Schlafzimmer hatten wir ein eigenes kleines Wohnzimmer, sodass wir uns für die drei Wochen, die wir auf See waren, recht bequem ausbreiten konnten.

Larrañaga war ein besonderer Charakter. Er muss schon um die 50 Jahre alt gewesen sein, hatte aber einen wilden Flirt mit Suzanna. Er bestand darauf, dass wir an seinem Tisch saßen. Dieses Upgrading war zu unserem Vorteil. Ich lernte unter anderem das spanische Gericht *Calamares en su tinta* (Tintenfisch in seiner Tinte) kennen. Es war köstlich, und wir aßen es oft. Ich fragte den Kapitän nach der Zubereitung. Daraufhin durfte ich zum Chefkoch in die Kombüse und bekam alles genau vorgeführt.

Nach ein paar Tagen auf See verbrachten wir einen Tag in Puerto Rico. In Cartagena, Kolumbien, wurden Hunderte kleiner ausgestopfter Krokodile geladen.

Danach waren wir die nächsten 14 Tage auf See und feierten in dieser Zeit nicht nur am 19. Dezember Geoffs Geburtstag, sondern auch Weihnachten und Neujahr.

Es wurde eine Langzeit-Party, bis wir am 2. Januar 1971 auf Teneriffa landeten ...

Nachbemerkungen: Endstation Teneriffa

Fast 20 Jahre haben wir Annes rühriges Leben auf der Frühlingsinsel Teneriffa miterlebt, wenngleich nur als
3-Monatsgäste jährlich in unserem Ferienhaus.

Geoff war zu dieser Zeit bereits tot. Wir wurden großzügig in Annes internationales Netzwerk von Bekannten und Freunden eingeführt. *A cup of tea* zum Nachmittag, einen Cardenal Mendoza als vollmundigen Drink bot sie uns selbst bei großer Hitze an. Tapaseinladungen in ihrem kleinen Hexenhaus wurden für uns immer zur Freude. Ihre Kolonisten-Karriere hatte sie zur Künstlerin für allerart Currys gemacht.

Wir bekamen ein Lächeln aufs Gesicht, wenn sie mit ihrem alten Karren den steilen Berg in Lomo Roman hinaufdüste.

Ihren 90. Geburtstag feierte sie am 8. Januar 2017 ganz groß. Eine weitläufige Garagenanlage mit kleinem Gärtchen stellte der Patron der Urbanisation als Austragungsort zur Verfügung. Die Gäste kamen von überallher: Spanier, Briten, Iren, Deutsche, Dänen, Belgier waren darunter. Es wurde mit Händen und Füßen parliert und sich verstanden.

Cava, Vino Blanco, Tinto, aber auch Hartes floss in Strömen.

Anne hielt kräftig mit. Eine Vielzahl von Tapas, aber auch ganze Mahlzeiten. Fisch-, Fleischspeisen und Pasta sorgten für eine wohlschmeckende Grundlage.

Eine spanische Combo lud sogar zum Tanz.

Das Fest wurde ein Höhepunkt, nicht nur für sie.

Bald ging es leider mit Anne gesundheitlich bergab.

Wir mussten sie im Oktober im Universitätsklinikum von La Laguna besuchen, wo man sie wieder kräftigen wollte.

Es gelang nur für kurze Zeit, sie sah schon recht durchsichtig aus. Sie verstarb kurz vor ihrem 91. Geburtstag in den Weihnachtstagen 2017. Wir hatten die Insel schon wieder zur Familienzusammenführung verlassen.

Personenverzeichnis

Dieses Personenverzeichnis hat leider keine einheitliche Form. Das ist dem Umstand geschuldet, dass Anne F. in ihren Aufzeichnungen keine durchgängige Linie wählte. Manchmal führte sie Personen der Geschichte, Bekannte und Freunde nur mit Anfangsbuchstaben ein. Andere werden nur mit Vornamen genannt, vollständige Namen gibt es natürlich auch. Bei der Vielzahl der vorkommenden Personen kann aber auch eine solche Auflistung Hilfestellung bei der Zuordnung bieten.

Adams, Pat, Freund der F. in Lagos, Nigeria
Agar, Anthony, Freund der F. auf Dominica
Aileen, Nachbarin der F. in Nairobi, Kenia
Ainsley, Murray und Ehefrau Eileen, Freunde der F. auf Barbados
Ajax, Leiter des Offiziersclubs in Catterick, UK, Ehefrau Ruth und Sohn Nigel
Alan, Taucher-Freund Suzannas auf Jamaika
Alexander, Jack, ehemaliger Kanonier-Colonel und Ehefrau Gwen in Kenia
Alfonso, Stan, Bankdirektor in Roseau, Dominica
Alleyne, Keith, Generalstaatsanwalt in Roseau, Dominica
Anamontado, Harry und Ehefrau Elisabeth, Chefarzt auf Jamaika
Anderson, Margaret, Farmersfrau in Kenia
Andrea, Haushaltshilfe der F. in Kenia
Antonio-Jungen, Freunde Suzannas auf Jamaika
Armour, Dr. med., in Roseau, Dominica
Armstrong, John, Künstler in Dominica

Ann und Paul, Freunde der F. auf Jamaika

Ashenheims, Bekannte der F. auf Jamaika

Ashmore, Admiral Sir Edward, Senior Naval Officer, West Indies

Bagshaw, Frank, Mediziner im Hospital von Catterick, UK

Baker, Jack, Bekannter der F. in Roseau

Balmer, Mo, Freundin von Anne in Lagos, Nigeria

Bancroft, Hayes und Ehefrau Marietta, Vorsitzender von Texaco Oil in Lagos, Nigeria,

Barcroft, Robbie, Bekannter der F. aus Nairobi, Kenia

Baring, Sir Evelyn, Gouverneur in Kenia

Barkers, Nina, Bridgespielerin auf Jamaika

Barrow, Errol und Ehefrau Caroline, Premierminister von Barbados, Errols Schwester Anita

Bates, Thadene, Freundin von Anne in Lagos, Nigeria

Beck, Professor und Nachbar der F. auf Jamaika

Blatcher, Brian, Tierarzt auf Dominica

Bleasdale, Barker, Buchmacher in Preston, UK

Board, Lillian, englische Mittelstreckenläuferin

Bonne, Tony und Ehefrau Cara , Offizier in Catterick, UK

Bossy, Offizier in Essex, UK

Braithwaite, Tim und Ehefrau Jean, Sekretärin der S.S.A.F.A in Kenia, Tochter Janie

Brand, Pete und Mary Margie, Hotelbesitzer in Wotten Waven, Dominica

Branson, Sue, Nachbarin der F. in Nairobi, Kenia

Braw, Richard und Ehefrau Judith, Tochter Charlotte, Freunde der F. in Essex, UK

Brian und Ehefrau Kate, Colonel Q. A. in Lagos, Nigeria

Broomfield, Ajax, Brigadier der Army in Indien im Ruhestand und Frau Ruth, Leitung des Offiziersclubs in Catterick, UK, Söhne Mike und Nigel

Blutcher, Brian, staatlicher Tierarzt in Roseau, Dominica

Burton, Eric und Tony, Leiter des Liguanea Club auf Jamaika

C., Tommy, Bekannter der F. in Roseau, Dominica

Campbell, Guy und David, Offiziere des kenianischen Regiments

Carey, General in Catterick, UK

Carrolls, Lewis, Poet

Catchpole Lila, Helferin von Anne in Roseau, Dominica

Catliffe, Terry, englischer Fechter

Cecile, Nachbarin der F. in Nairobi, Kenia

Cecil, Geschäftsmann in Nairobi, Kenia

Cecil, und Ehefrau Reba, Sheila und Colin, Cecils Kinder von seiner ersten Frau, auf Jamaika

Challinor, Ruth, Taufpatin von Suzanna

Chambers, John, Mitarbeiter der Schiffsagentur auf Dominica

Chapkoyne, zweiter Boy der F. in Kenia

Charles und Joan, Freunde der F. in Portsmouth, Dominica

Chenga, Gärtner der F. in Kenia

Chin See, Zahnarzt auf Jamaika

Cocker und Ehefrau Blue, Freunde der F. in Essex, UK

Collins, Gilbert und Ehefrau Betty, Bataillonschef in Nigeria

Colville, Diana, berüchtigte englische Gesellschaftsdame

Corbett, Jim, Großwildjäger in Kenia und Indien, und Schwester Maggie

Coulthard, Tommy, Bekannter der F. aus Roseau, Dominica

Cove, Hope, Freundin Annes in Thurlestone, UK

Crichton, John, Offizier am Lake Naivasha, Kenia, Ehefrau Mary und Tochter Evelyn

Crisp-Jones, Frau Bürgermeisterin in Essex, UK

Cumber, John, Gouverneur auf Cayman

Cumming, Sir Richard Gordon, englischer Aristokrat

Curd, Ian, Buchhalter in Loddiswell, UK, seine Eltern und Schwester Stella

Curran, Ned und Ehefrau Vera, Freunde der F. aus UK

Davies, Gertie, Tennisbekanntschaft der F. in Roseau, Dominica

de Costas, Bekannte der F. auf Jamaika

de Hoghton, Sir Cuthbert und seine zweite Ehefrau Philomena, Sohn Bernard, englische Adelige

Delamere, englischer Lord
Delves Broughton, Sir Henry John, und Ehefrau Diana, britischer Baronet
Delves Enid, später Ehefrau von Geoffs Cousin George, der in Neuseeland lebte
Denis und Ehefrau Daphne, Freunde der F. aus Accra in Ghana
Denis und Ehefrau Lizzie, Töchter Kate und Ginnie, Gäste der F. in Loddiswell, UK
Densham, Basil und Ehefrau Joyce, Lionel, Bruder von Basil, Freunde der F. auf Jamaika
Donovan Mauls, Theaterproduzent in Kenia
Doraval, Oberschwester in Roseau, Dominica
Dottie, Freundin von Anne auf Jamaika, Richard ihr Ehemann, zweiter Ehemann Oscar
Dunn, Elisabeth und Ehemann, Nachbarn von F. auf Jamaika
Dunseath, Paddy und Ehefrau Barbara, Freunde der F. in Preston, UK
Eden, Anthony britischer Rundfunkreporter
Elkia, Büroleiter der B.O.A.C. in Kenia
Erica, Freundin von Stella Curd, Gast in Loddiswell, UK
Erroll, englischer Lord
Ester, junge Farbige im Haus F., Kenia
Eve und Erica, Freundinnen von Anne in Lagos, Nigeria
Fairbanks, genannt Dougie, General in Lagos, Nigeria
Fawkes, Tom, Offizier in Essex, UK
Fayne-G, Major, Accra in Ghana
Foster Anne, britische Militärarzt-Gattin
Foster Geoffrey, britischer Militärarzt
Foster, Suzanna, Tochter von Anne und Geoff
Foster, Alex, Bill und Margaret, weitere Familienmitglieder
Foster, Colonel in Kenia
Fellow, Angie, Tanzlehrerin aus Bedale, UK
Fellow, Henry, Jäger aus Bedale, UK
Fenner Brockway & Dingle, Anwaltskanzlei in Kenia
Fran, die Frau des Colonels, der in Lagos, Nigeria, das Krankenhaus leitete

Frank, früherer farbiger Premierminister auf Dominica

Freddie, Major und Pferdebesitzer in Kenia

G. Fitz, Polo-Freund der F. aus Accra, Ghana

Galvão, Henrique, politischer Gegner des Salazar-Regimes

Geasy, Sir Gerald, Gouverneur der Goldküste.

George, Schwiegersohn der Thatchers in Essex, UK

Glynis, Bekannte der F. in Cayman

Godfrey und Ehefrau Roly, Pfarrer in Loddiswell, UK, mit den Kindern Charles, Lavinia und Ursula

Goldie, örtlicher Kommandeur von Ibadan, Nigeria und seine Ehefrau Ba

Golding, John und Ehefrau Pat, Leiter der Orthopädie auf Jamaika

Graham und Beryl, Professor für Sichelzellenanämie, Freunde der F. auf Jamaika

Greasy, Boy für die Wäsche der F. in Lagos, Nigeria

Green, Dr. med., in Roseau, Dominica

Green, Lycett, englische Schriftstellerin

Greenwell, Jean, Freundin von Anne in Lagos, Nigeria

Griffin, Dr. Philip und Ehefrau Mary, Arzt auf Dominica

Grogan, Oberst in Kenia

Gwen, Polospielerin in Lagos, Nigeria

H., Fergus, Offizier in Lagos, Nigeria

Hahn, Manager einer Wohnanlage der Armee in Kenia

Hall, Henry und Ehefrau Rosemary, Freunde der F. in Preston, UK

Hamilton-Fairley, Sir Neil, Malaria-Experte, UK

Harms, Susan, Tochter des Besitzers von Hotel Castaways in Roseau, Dominica

Harry und Ehefrau Renée, Nachbar der F. in Nairobi, Kenia

Hartman, Daniel, Maler auf Jamaika

Harvey, Gutshofbesitzer in Loddiswell, UK

Hawker, Peter, Ehefrau Veronica, Tochter Annabell, Nachbarn der F. in Loddiswell, UK

Hawys, Stephen, Künstler auf Dominica

Hay, Josslyn, 22. Earl of Erroll

Hayes, Joe, General in Lagos, Nigeria mit Ehefrau Dot

Heather, Nachbarin der F. auf Jamaika

Helen, Offiziersfrau in Benin

Hendricks, Hugh und May, Manager der Coca-Cola-Fabrik auf Jamaika

Hennas, Bekannte der F. auf Jamaika

Hesserburger, Kitty, Farmersfrau in Kenia

Hillman, Colin und Ehefrau Peggy, Mieter bei den F. in Kenia

Hill, Pat, Brigadier aus Accra, Ghana

Hindlay, Gordon, (G.H.), Brigadier in Accra, Ghana, Ehefrau Ruth

Hoel-Buxton, Lord Rufus, Frau Meg, Matt, Simon, Richard und Clare, Nachbarn in Loddiswell, UK

Hook, Fran, Tennisspielerin in Kenia

Holmes, John und Ruth, Army-Freunde der F. in Kenia

Holmes, Lyn und Ehefrau Sandy, Sohn von John und Ruth, Kenia

Honeychurch, Pat und Ehefrau Tad, Tochter Sarah, Freunde der F. in Roseau, Dominica

Hopper, Rosa, Kindermädchen der F. in Catterick, UK

Howe, Gerhard, Präsident des Obersten Gerichtshofs in Lagos, Nigeria, Faith, seine Tochter

Ignacious, Koch von F. in Lagos, Nigeria

Ingledew, John und Caroline, Besucher in Roseau, Dominica

Ingrid, Patin der kleinen Tänzerinnen in Roseau, Dominica

Isabella, Kochhilfe in Roseau, Dominica

Issas, Bekannte auf Jamaika

Jack, Offizier in Essex, UK

Jackson, Sean und Ehefrau Ann, Präsident des Jamaica Sub-Aqua Clubs

James I, König von England

James, zweiter Boy der Familie F. in Accra, Ghana

Jerry, Taufpate von Suzanna

Jeffreys, Major im Outspan, Kenia

Jerima, junge Farbige im Haus F., Kenia

Jo, Spielgefährtin Suzannas in Kenia

John, erster Boy der F. in Lagos, Nigeria

Josephine, Freundin Suzannas in Kenia

Joyce, Freundin der F. auf Jamaika

K., Theo, Offizier in Lagos, Nigeria

Katy, Plantagenbesitzerin auf Jamaika

Koch, Thomas, brasilianischer Tennisspieler

Krady, Eve, Freundin von Anne in Lagos, Nigeria

Kuykendall, Clark und Ehefrau Bitta, amerikanischer Konsul in Lagos, Nigeria

Lady C., Vorsitzende der S.S.A.FA in Kenia

Larrañaga, Kapitän der Begonia

Lawson, Sir Ralph und Ehefrau Pommy, Offizier in Catterick, UK

Leakey, Professor in Kenia

Leakey, Cousin des Professors, und Ehefrau Mary

Leakey, Muriel, Verwandte des Professors, Freundin von Anne auf Teneriffa

Leary, Timothy, Erfinder von LSD auf Dominica

Lee, Byron, Sänger auf Jamaika

Leister, Lady, Begleiterin der Königinmutter

Leonard, Peter und Ehefrau Sue , Nachbar in Nairobi, Kenia

Linda, Suzannas Schulfreundin in Mandeville, Jamaica

Linus, Koch von F. in Lagos, Nigeria (nach Ignacious)

Lionel, Freund der F. auf Jamaika

Littlewood, Alfie, Betreiber des Palm Tree Hotels in Lagos, Nigeria

Locksley, Bursche von Geoffrey F. in Catterick, UK

Longden, Paul, Taufpate von Suzanna F.

Lovay, Rob, Personal Assistent des Generals in Essex, UK

Lovelace, Colonel und S.M.O. auf Dominica, Ehefrau Eleanor, Töchter Eleanor junior und Alison

Louison, Maler auf Trinidad

M., Mary, Meeresbiologin auf Jamaika

McClintock, Nicky, persönlicher Assistent des Gouverneurs in Lagos, Nigeria

MacGregor, Ian und Ehefrau Hope, Gynäkologe des Governments Lagos, Nigeria

MacFall, Gordon, Bekannter der F. aus Accra, Ghana

MacNaught, C.O. in Moshi, Tanganjika

Madame Maria, Schneiderin aus Accra, Ghana

Manaell, Rossor, Bekannter in Accra, Ghana

Marlin, Major und Arzt aus Accra, Ghana

Markus, Galan von Suzanna auf Jamaika

Marshall, Captain und Arzt im Outspan, Kenia

Mary, Freundin von Suzanna auf Jamaika

Maskell, Dan, britischer Sport-Kommentator

Mayhill, Herbert, Anglerfreund der F. in Kenia

McIntyre und Ehefrau Myrtle, Dr. der Chirurgie, in Roseau, Dominica

McKay, Hugh, Offizier in einem schottischen Regiment und Ehefrau Jennifer

Meier, Colin, Leiter der Pädiatrie auf Jamaica

Menindin, P.C., Geoffs Freund aus Indien

Marlin, Dr. Igor, Chirurg aus Accra, Ghana

Mike, Arzt, Nachbar der F. auf Jamaika

Milner, Dr. Paul, Arzt auf Jamaika, Ehefrau Ann

Minchall-Fonds, Army-Vertreter im Ausschuss der S.S.A.FA, Kenia

Miss de Mer, Leiterin des Roten Kreuzes in Kenia

Mitford, Freunde der F. in Catterick, UK

Morwenna, Geoffs Patentochter

Morgan, Jim und Ehefrau Stephie mit Tochter Gilly, Farmer in Ivybridge, UK

Morley, Robert, britischer Schauspieler

Mrs. Wintzy, Putzfrau in Catterick, UK

Myena, Hausbursche der F. in Kenia

Myrtle, Haushilfe der F. auf Jamaika

Nandi, Bursche der F. in Kenia

Nanny Symes, Suzannas Kindermädchen in Catterick, UK

Nasser, Gamal Abdel, Präsident Ägyptens

Ndata, Bursche der F. in Kenia

Neville, Chefradiologe auf Jamaika

Newton-Sharp, Laurie, zweite Ehefrau von Cocker in Essex, UK

Nkrumah, farbiger Politiker aus Accra, Ghana

Noble, Ray, B.B.C-Reporter

Oliver, Dick und Ehefrau Barbara, Bataillonskommandeur in Nakuru, Kenia

Ors, John, Ehefrau Patricia, Kinder Heather und Joanna, Freunde der F. in Catterick, UK

Oscar, Kubaner auf Jamaica

Owen, Brigadier im Ruhestand, Leiter des Polo Clubs in Lagos, Nigeria

Pain, Phil und Ehefrau Maurice, Rennpferdbesitzer aus Nakuru, Kenia

Paul, Graham, englischer Fechter

Parish, Godfrey und Roly, Reiterfreunde der F. in Loddiswell, UK

Parrott, Rob, Geoffs Bursche in Preston, UK, Zwillingsbruder Roy

Payne, Charles, Sportmaler in Großbritannien und Ehefrau Lucy

Peak, Bill und Ehefrau Lucy, Reiterfreunde der F. in Loddiswell, UK

Perez-Maura, Borja und Beata, spanische Adelige auf der Überfahrt von Jamaika nach UK

Peter, Offizier in Essex, UK

Phillip, Gouverneur auf Jamaika

Poe, John, Exoffizier in der Ausbildung zum Bauern nahe bei Loddiswell, UK

P.P., Tony, Offizier aus Accra, Ghana

Rang, Moran, Orthopäde auf Jamaika

Rankin, Lady Jean, Begleiterin der Königinmutter

Raynolds, Wendy, Oberschwester in Accra, Ghana und Catterick, UK

Richards, John, Bruder des Sicherheitsberaters des Generals in Lagos, Nigeria

Richards, David, Sicherheitsberater des Generals in Lagos, Nigeria

Rimbault, Geoffrey, Gast im Treetops-Hotel, Kenia

Robin, Geoffs, zweiter Befehlshaber in Kenia, mit Frau Josephine und Sohn »little Jo«

Robinson, Lorna, Mitarbeiterin des Roten Kreuzes in Roseau, Dominica

Robinson, Robbie und Ehefrau Joan, Söhne Patrick, Jonathan und Voo, Farmer in Kingsbridge, UK

Rodney, Black-Power-Mann aus Trinidad

Rogers, Phil und Ehefrau Brenda, British American Tobacco, Lagos, Nigeria

Rose, Colonel, Mitreisender der F. auf dem Liner Georgie nach UK

Ruegg, Rev. und Frau, Internatsleiter von Holystreet, UK

Rutherford, Margaret, Schauspielerin

Samuel, erster Boy der F. in Accra, Ghana

Sandys, Duncan, britischer Außenminister

Sandys, ein Freund der F. aus Nigeria, später Polizeichef in Ibadan

Scott, Beatrice, Kindermädchen Suzannas in Lagos, Nigeria

Scott, Mike, Mitglied des Jamaica Sub-Aqua Club

Scott, Pat, Brigadier, Kenia, später Essex, UK, Ehefrau Biddy und Töchter Fiona, Carol und Bridget

Secombe, Harry, Schauspieler

Senfton, Lord, bei Preston

Shamba-Jungs, die Landarbeiter Kenia, Ndata, Nandi, Myena, Chenga …

Shantullyl, Eric, Colonel in Catterick, UK

Shean, Freunde der F. aus Preston, UK

Sherbrooke-Walker, (S.W.), Eric, Eigner des Treetops-Hotels, Kenia

Shillingford, Dr. med., und Ehefrau Noreen in Roseau, Dominica

Shirley, Hausmädchen der F. in Roseau, Dominica, Tochter Alison

Silas, Koch der F. in Accra, Ghana

Siva, Inderin auf Jamaika

Skinner, Sara, Freundin der F., UK

Slade-Powell, Jack, Brigadegeneral, Essex, UK, vormals Bangalore, Indien

Smart, Robin, Geoffs Stellvertreter in Kenia

Smarts, befreundete Familie der F., Nairobi, Kenia

Sorjanto, Dr. med. und Ehefrau Anthea, Roseau, Dominica

Stapleton, Sir Miles, Figur aus: Die Bürger von Calais

Stewart, Ken, Herzspezialist am Universitätsklinikum in Jamaika

St. Johnstone, Eric, Ehefrau Joanna, Tochter Harriet, Bekannte der F. in Preston, UK

Strangways-Dixon, John, Freund der F. auf Jamaika

Strutt, Frisör in Lagos, Nigeria

Sue, Leiterin des Reitclubs auf Jamaika

Swantzel, Lou, Milchfarmer in Kenia

Sybil, Freundin Annes in Kenia

Syke, Ulla und Ehemann, Freunde von F. von der Goldküste

Sylvia, Suzannas Schulfreundin in Preston, UK

Thatchers, Freunde der F. in Preston, UK

Thompson, Freunde von F. von der Goldküste

Thurlow, Harry, Offizier in Kenia

Tim, junger Arzt auf Jamaika

Tollemache Halliday, General Sir Lewis, Vorbesitzer des Hauses Foster in Loddiswell, UK

Thompson, Ray und Ehefrau Jean, Getränkelieferant in Roseau, Dominica

van Geest, Bekannter der F. in Roseau, Dominica

Vicky, Bekannte der F. auf Jamaika

von Cambridge, Prinz George Alexander Luis

Waddy, Besitzer eines Supermarkts in Roseau, Dominica

Wallace, Ian, Pilot einer nigerianischen Fluggesellschaft

Ward, Farmer in Loddiswell, UK, mit seiner französischen Frau, Stieftochter Beatrice und Schwiegermutter

Warner, Joyce, Bekannte von Anne auf Jamaika

Watson-Speyers, Bridgespieler auf Jamaika

Watty und Ehefrau Winifred, Dr. med. in Roseau, Dominica

W., Pip, Cornell in Zaria, Nigeria

Weatherall, Major, Army-Vertreter im Ausschuss der S.S.A.FA in Kenia

Westminster, Herzog von

Whistler, Jennifer und Penelope, Generalstöchter, Catterick, UK

White, General in Catterick, UK, Ehefrau Betty und Tochter Liz

Williams, Frisör in Lagos, Nigeria

Windsor, Lady Louise

Wisse, Dr., zuständig für die Klinik in Marigot, Saint-Martin
Winston, Charly und Ehefrau Nina, Manager von Herrn van Geest in
    Roseau, Dominica
Wintzy, Putzhilfe der F. in Catterick, UK

Sachverzeichnis